あなたの可能性を全開にする!

約60分

ルン・ル最新CD付き

わたしにうれしいことが起こる。

ゆるんだ人から、叶っていく

UEHARA KOUJI

植原紘治

×

服部みれい

HATTORI MIREI

徳間書店

まえがきにかえて——

速いというか、すさまじく間が合う体験。これは快感以上の何かです

服部みれい

みなさん、こんにちは。服部みれいと申します。ふだん、心身の浄化のためのセルフケアや自然と共にある暮らしといった発信を続けている者です。何より植原紘治《うえはらこうじ》さんとルン・ルの大ファン、ということで、今回植原先生と対談させていただく幸運に恵まれました。こう書いているだけで、うふふ……とうれしい気持ちがこみあげてきます。

さて、対談の前に、少しだけ、ルン・ルとの出合いや体験したことをお話しさせてください。

わたしとルン・ルとの最初の出合いは、黄緑色のＣＤつきの本『ゆるんだ人

からうまくいく。意識全開ルン・ルの法則』（ひすいこたろう×植原紘治＝著 ヒカルランド＝刊）でした。2015年から2016年のことです。

実は、この本、本屋さんで見かけるたびに気になるのになかなか買わなかったんです。

正直最初は「怪しい気がする」とすら思っていました（本当にごめんなさい！　今思うとゆるんでいなかったせいかもと感じます）。でも、あまりにも何回も何回もあちこちで目に入ってくるし何か気になって仕方がない。ある日とうとう観念して買いました。そうして買ったらなぜかいてもたってもいられなくなってすぐに付属のCDを聴きました。

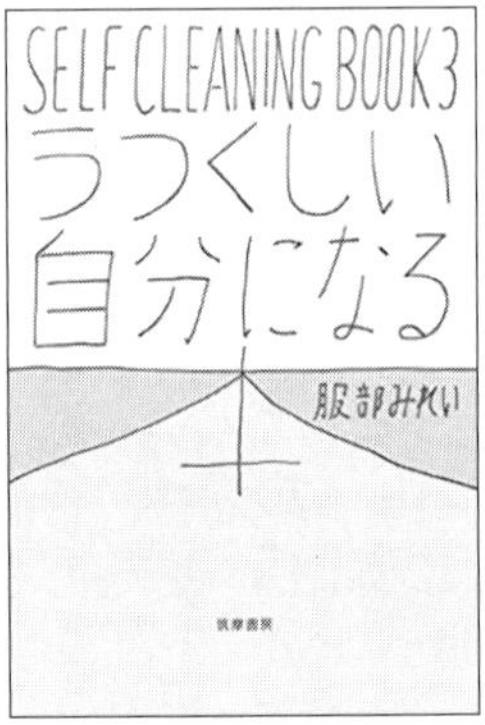

聴いたら、もう、びっくり！　爆笑ではなくて爆噴きです（笑）。

この辺りの話は、今回の対談の中でもさせていただいていますからこのあと読んでいただくとして、とにかくそれから、もう、ずっとCDを聴き続けています。家でも職場でもできる限りかけっぱなしにしています。

そうして拙著『うつくしい自分になる本』(筑摩書房)にルン・ルのことを書かせていただいたら、編集担当の豊島裕三子さんが見つけてくださって、この対談にお声がけいただく運びとなりました。

ルン・ルを聴き続けて「何がどうなった」とは、正直はっきりとはわからないんです。

でも、間違いなくいえることはルン・ルのCDをかけていると部屋の空気の状態が、しんと鎮まっていくということです(あくまでわたしの場合は、です。ルン・ルの効果は人によって違うようです)。セージを焚《た》いて部屋を浄化したり、シンギングリンを叩いて場を清めたりするのに似ているといったらいいか……しかもルン・ルをかけっぱなしにしていると、清らかな流れのようなものが持続するというような感覚があります。

音の空気清浄機、みたいなイメージです。ひんやりする、と感じることもありますし、やわらかくなるように感じることもあります。日によって違います。いずれにしても空気の密度が精妙になる、きめ細やかになる。

はじめて生《なま》ルン・ルを体験したのは京都でのことでした。正直、あっという間に時が過ぎて細かくはよく覚えていません。

はじめて聴く生の植原先生の声を、ただただ「ああ、いい声だなあ」と感じましたし、何より部屋に入った時から、うれしいような、たのしいような気持ちでした。

身構えるようなこともなくて、横になってすぐに安心して眠ったような状態になりました。数時間のことが15分くらいに感じました。

ルン・ル後のお話もものすごくおもしろくて引き込まれました。

その日、はじめて行ったのに、なんだかうれしくなってしまって「はい！」って手を挙げて質問したんです。釈迦にまつわるお話が出たので、何の本を読んだらいいか質問させていただきました。

そうしたら、中村元先生の本を紹介してくださって、帰りに、またこう、うきうきした気持ちで早速買って帰った記憶があります。『ブッダのことば スッタニパータ』（岩波文庫）です。

今思い出しても、すごくおもしろい先生の授業を受けてる時の生徒の気分でした。

思わず、からだを乗り出して聴いちゃう感じ。つい何か自然に口をついて質問しちゃいたくなる感じ。同時にここではくだらない質問はできないな、というような空気自体の持つすごみみたいなものも感じていました。

植原先生はどこまでも愛らしくてチャーミングでやわらかい方なんですけれど、確かな威厳を心地よく感じて帰ったのを覚えています。日常生活では体験できない感覚でした。

その後、実は、生ルン・ルは、全部で4、5回くらいしか受けていないんです。わたしはそれくらいで、満腹感がありました（何の満腹感かはわかりませんが……ただCDは続けて家でも聴いています）。

生ルン・ルは、受けるたびに体験が違います。その頃、1万円する『ゆるんだ人からうまくいく。CDブック』（ひすいこたろう×植原紘治＝著　ヒカルランド＝刊）も購入し、こちらをリピートするようになりました。ほとんど無音でリビングでかけっぱなしにしておくわけです。

自分の中で何がどう変わったか、自分にどういう変化が起きたのか、言語化するのはむずかしいです。植原先生がおっしゃっている通り、変わった自分はもう前の自分じゃないからです。

それでも感じていることはあって思いつくままに書いてみます。

まず、ものすごい仕事量を短い時間でできるようになりました。ひすいこたろうさんも、本の中で、本が1週間くらいで書けるようになったとおっしゃっていましたが、わたしも昨年書いた本（『自分をたいせつにする本』ちくまプリマー新書）は5日で書き上げました。もちろんゲラチェックなどはその後しかるべき時間をかけていきましたが、最初の原稿は5日で書きました。我ながらすごい集中力でした。

あと、ひすいさんは「本をものすごい量読めるようになった、1日で30冊近い本を処理できるようになった」と書いておられましたが、読む速さに関しては、正直、そこまでじゃないです。ただ、必要なところがパッとわかるという感覚は、確かにあります。全体が速くなるというより、勘どころがよくなった気がします。

そうなんです。「速読」ということで、「速くなる」というところにどうしても目が行きやすいんですけれど、もっと、精妙なことばでいうならば、「速い」とも違う。

もちろん人によっては「速く」なることもあると思うんですが、あえていうなら、信じられないくらい「間が合う」ということかもしれません。

ピタ、ピタ、ピタと間が合う。シンクロニシティが起こるなんていうのは、もう日常茶飯事になります。場合によっては、原因と結果が逆？　というくらいの速さのこともあって……。

こうなるともはや「速い」とかでもないですよね？

時間の感覚が直線じゃない世界に飛んでいるということかなと思います。

そうそう、ルン・ルのCDは、説明書きを読むと「車では絶対に避けてください」と書いてあります。眠気を催す方が多い、ということで。それなのに！　わたしの友人で、そこを読まずに車で聴いてしまった人がいるんです。その方、1時間くらいの移動の間20分くらい完全に記憶がなくて、「気づいたら、目的地の別の市に移動してた」と話していました。アブナイです!!

メールの返信も間違いなく早くなっているはずです。おそらくわたしと仕事をしている方はそう感じてくださっている方が多いと思います。返信が遅れたら遅れたことでいいことがある。遅刻すると相手も遅刻している、みたいなことなのですが……。

一体、何が起こっているのか。

やっぱり「間が合う」ということですよね？

何がものごとの核心なのかを見極める感覚が、瞬速になっているということだとも思います。そういうわけでおかげさまで家事も速いです。料理は、正直おいしくなりました。かつ、速くなりました（もちろん自分比ですが！）。

家事で速くなったものには、洗濯物畳みがあります。高速です。昔、『ゲームセンターあらし』という漫画がありましたが、ゲームボタンを連打する状態くらい（笑）。自分では速すぎて手が見えていないくらい、の気持ちです。

とはいえ……全部、どこか自分の感覚、ですものね。疑い深い方は、「またまた……そういう気分になってるだけじゃ？」「洗脳じゃないですか？」なんて感じる方もいるかもしれません。わたしも、相当疑り深いからそのお気持ち、よくわかります。

そういうわけで今回、対談後半では、独自で行った実験についてお話しました。これもたまたま、実験する場があらわれて、わたし含め4人（メインは3人）の女性が、毎日ルン・ルに浸りきって仕事をするとどういうことが起こるのか。試してみました。いやあ、おもしろいことが起きました。体験談は、ぜひ、本書をお読みいただけたらと思います。

植原先生って、お弟子さんやマネージャーさんがいて電話を取るのではなく、基本、植原先生が携帯電話を取られます。留守番電話の折り返しのお電話をかけてこられるのももちろん植原先生です。そのタイミングもいつも最高です。わたしは会社の電話には滅多に出ることがないのに、なぜかわたししか電話を取る人がいない時に植原先生からかかってきます。不思議ですよね!?

そうして植原先生の声を聞くと胸がいっぱいになります。

よく植原先生が繰り返しおっしゃる、「願望が叶った時の顔」にすぐになります。

さらに先生と時間を共に過ごしていると自分がどんどん冴《さ》えてきて、余分な自分がなくなって、ただただシンプルになっていく感覚があります。
今回、このような対談をさせていただき、お会いしている時はもちろん、書いている間もずっと、からだごと感謝の塊になり続けました。「うふふ」という気分が続くのです。

植原先生、今回はじめてしてくださっているお話もあります。巻末には、10の質問もさせていただいてます。拙《つたな》い質問ばかりでしたのに、お答え全体から植原紘治さんという方が浮かび上がってきて、読むたびに胸がいっぱいになります。先生ご自身が考え尽くされ、やり尽くされ、ルン・ルをただただ続けておられるということに、圧倒的な何かを感じて胸がいっぱいになるのかなと思います。

わたし自身、ルン・ルとの出合いがなかったら今の自分はありません。
まだまだゆるんでいる過程には違いないですが、でも、以前のわたしよりまちがいなくゆるんでいるし、**何よりゆるんだ自分が好きです。自分でいるって**

ここちがいいものなんだ、心底うれしいことなんだ。そう、ルン・ルの響きが導いてくれたと感じます。

どんな時もゆるみながら、全身全霊やり切ること。何より「わたしが、わたしを、わたしする」ということが、いよいよできていると感じるのです。

もとはといえば、ひすいこたろうさんとの本に出合えたことがきっかけです。ひすいこたろうさんのさまざまな発信から、本当に本当にたくさんの知恵や情報をいただいている一人ですが、この場を借りて、あらためまして、ひすいさんにこころからお礼を申し上げます。ありがとうございます。

また本をつくってくださった豊島裕三子さん、植原先生に出会わせてくださり、また対談を企画してくださりありがとうございます。ルン・ルを体感し続けておられる豊島さんのスーパーお仕事ぶりには、感動することばかりでした。

さあ、対談に入ります。植原先生とのお話、とにかく、おもしろいですよ！

ＣＤは最新の植原先生の声が入っています。ずっと変わり続けているという植原先生のあたらしい響きです。前回のＣＤ同様、藤田武志さんの録音です。たくさんの方々に、響きも本も自由にたのしんでいただけたら、この上なくうれしいです。

目次

第2部

ブックデザイン　鳴田小夜子
（KOGUMA OFFICE）
CD録音　サウンドソムリエ
藤田武志
編集　豊島　裕三子

第1部

やり切って息を吐き切り、「うふっ」と笑う

はじめてのルン・ル体験について。最初「ぶはっ」と噴き出してしまい……

みれい　ルン・ルって、出合われる方によって、いろいろな反応がありそうですね。
植原　わたしの声が変でしょう？
みれい　最初、とにかくびっくりしました。
植原　「気持ちが悪い」といって聴けない人もいるんですよ。
みれい　そうおっしゃる方がいるって聞いたことがあります。「『家でかけないで』って、家の人にいわれる」という友人がいます。
植原　だから、おくさんが家でＣＤをかけて、わたしの声が聴こえると「旦那が家出するんです」っていう方もおられます。
みれい　怖くて家にいられなくなる!?（笑）
植原　「おまえ何をかけてるんだ！」と。「俺は出かけてくるから」と、ＣＤを聴き終わるまで帰ってこないそうです（笑）。

みれい　でもその気持ちもわからなくないんですよね。**最初、わたしも笑いながらぞわぞわしたから。**その瞬間どっちに転ぶか、みたいな気もします。

わたしが最初にルン・ルを体験したのは、『ゆるんだ人からうまくいく。意識全開ルン・ルの法則』（ひすいこたろう×植原紘治＝著　ヒカルランド＝刊）でした。この本の存在は知っていたのに、なかなか買えず、でもある日ようやく書店で購入して、その日宿泊したホテルで聴いたんです。

あの瞬間のことは忘れられないですね。部屋に入って、なぜかいても立ってもいられず、すぐにCDをかけてみたんですよ。そうしたら植原先生の声が「あ―――」って聴こえてきて、その瞬間に、「ぶはっ」と笑ってしまったんです。「ぶはっ」です。

あの笑いは忘れられない。**ただおかしいのとは違う……それまで体感したことのない笑いだったんですよ。**今日もこの対談の前に生ルン・ルを受けたのですが、やっぱり同じような感覚がありました。

植原　あ、そうでしたか？

みれい　はい。何かもう、ただただ笑いが込み上げてくるんだけれど、**その笑いの中にいろいろな感情が入っている感覚。**

最初にホテルで聴いた時も、「怖い」という感情も同時だったんです。ただの爆笑……でもないんですよ、いってみたら「爆噴き」しながら、でも「ぞわぞわ」と身の毛がよだつみたいな感覚。その後はもう思いっきりハマってしまって、とにかく、できるかぎりいつもいる部屋や自分の仕事場、スタッフの仕事場ではいつも、ルン・ルのCDをかけるようにしています。

植原　ありがとうございます。

みれい　当時は、鍼灸《しんきゅう》の先生のところへルン・ルを教えてあげようと本を持っていったら、もうすでにルン・ルがかかっていたり、周りの人たちにやたらと流行っていて。あっちでもルン・ル、こっちでもルン・ル。そんな感じでした。自分でもとにかく、どの部屋でもルン・ルをループしていました。

それがひすいさんと植原先生の最初の本が出た頃のことです。

植原　ああ、うれしい。ありがとうございます。

みれい　CD付きというのがとてもよくて。その後1万円の『ゆるんだ人からうまくいく。CDブック』も購入して、それからはずっとそちらをかけ続けています。

植原　ありがとうございます。

ルン・ルを聴きはじめて間違いなく仕事が速くなりました！

みれい　とにかく、ルン・ルを聴きはじめて、何もかもがスピードアップしたという体感があります。どれくらいでそうなったのか記憶が曖昧《あいまい》なのですが、割合すぐだったんじゃないかと思います。

本を読むのも速くなったし、自分の考えをまとめるのも速くなったし、もちろん仕事も家事まで速くなった。短い時間の中でものすごくたくさんのことができるようになったな、と。これはもう間違いないです。

植原　ありがとうございます。

みれい　あと、「場の浄化」として使うケースもあって。わたしが住んでいる岐阜の美濃って古い物件が多いんです。スタッフも当然古民家に住むことも多い。だからあたらしい場所を借りると必ずルン・ルのCDを持っていって、エンドレスのループのモードにして、引っ越す前から流しっぱなしにしておいたりしていました。

それでCDを聴きはじめて半年後くらいに、京都ではじめて生のルン・ルを受けさせていただいたんです。そこからさらにスピードアップしていった気がします。

でも、あくまで自分でそう感じるだけで……ビフォアアフターをはっきりといえないところは正直いなめないんですよね。ただ、いつも仕事をしている編集者の人とかから、仕事が速くなったとか、切れ味がよくなったとか、いわれることはありますが……。みなさん、どうなんですかね？

植原　「全然変わっていません……うふっ」っていわれる。「変わってるじゃない」っていうんですけれど。本人が知らないだけでね。

みれい　「うふっ」って（笑）。そうそう、生ルン・ル受けると、最後、質問コーナーみたいな時間がありますよね。あの時、長年通っていらっしゃるんだろうなっていう方たちに共通点があるんですよ。みなさん、どこか機嫌がいい気がします。常に「うふっ」っていう感じが、からだから出ているのが印象的だなっていつも思います。

一度死んで生き返った感覚がはっきりとありました

みれい　生ルン・ル、毎日のように全国で行われているわけですが、何十年って通われている方から、1回だけ体験しておしまい、という方までいると聞いたことがあります。実はわたしもそんなにたくさんは受けていなくて。生ルン・ルは、全部でまだ4、5回くらいなんです。ただ、体験が毎回まったく違っていて。

今日、はじめて1回死んで生き返った感覚がはっきりとありました。

植原　わ、すごい！　ありがとうございます！

みれい　来ました！　とうとう今日！

植原　来た？　わー、うれしいな、ありがとうございます。

みれい　今日、ルン・ルのあとで「無明《むみょう》」のお話をしていらっしゃいましたよね。今日わたしが体験した「生まれ変わった」という感覚、すごい体験だったんですよ。「無明」ってあの時のことを話しておられるのかな、と。「無明体験」って言っていいんでしょうか？

植原　いいんです。

みれい　この体感、一体何なんですか？　時が止まったところに自分がいるんですか？

植原　いや、時が止まるというよりも……わたしたちってふつうに生きているとこれがふつうだと思っている。でも、生きているっていうのは、本当に生きているのではなくて、**「我々を活かしてくれている働き」というものがあって生きているんですよ。**「無明」というのは、その活かしてくれる働きのことを指している。だから1回体験すると、ガラッと変わるんです。そういう瞬間を、みなさんに体験していただきたいと思うんだけれども……すごいな、みれいさん。

みれい　わぁ……うれしいです。無明って、人間だけではなくて、**「ものごと、存在を活かしている何か」**だといっていいんですか？

植原　根本的な働きです。

みれい　そうそう、今日のお話では、一般的な仏教でいう「無明」とは違う説についてお話をしてくださったんですよね。

植原　一般的に無明は、（この世界が無常・無我であることに対する）「無知」「誤解」「真理に暗いこと」なんていわれています。

でも、縁起論争で木村泰賢《たいけん》さんという人は、「存在を活かしている根本的な働きだ」といっているのです。僕もこっちの「無明」が正しいんじゃないかと思っています。

みれい　「根本的な働き」……神というようなことですか？

植原　神ではないです。

みれい　では、何かのエネルギー？　ルン・ルを体験すると、それに気づける……？

植原　はい。釈迦は、（無明がわかって）「なすべきことは、なし終えた」といったんですよ。

息を吐いて吐いて、吐いた先に何か現象が起こる……

みれい　植原先生ご自身は、８年間のホームレス時代に「無明」を体験されたんですか？

植原　あの頃はまだまだ。結婚してからですね。

みれい　それは、ルン・ル中にですか？

植原　そうです。勤めている時にはあまりできなかったけれど、自営業になったら暇だったから。とにかく「**呼吸に鍵があるな**」と気づいて、暇さえあれば呼吸法をやっていたわけですよ。呼吸しているといろいろな現象が起こるんです。

みれい　どんな現象ですか？

植原　まずね、わたしの場合は、ちいさな点がひとつ「ピッ」って見えたんですよ。「あれ？　なんだろう、あの点は……」と思っていたら、その時はそれで終わってしまったんだけれど、しばらくしたら今度は、その点がスーッと線になったんです。

みれい　線に……。

植原　そうしたら次に平面になったんです。二次元になった。さらに呼吸を続けていくと、今度はそれが三次元になった。「何なんだろう、これは!?」と思ったけれどわからないから呼吸を続けていって。でも、だんだんだんだん、呼吸するのも苦しくなっていくんです。苦しい、苦しい、苦しい……もう苦しいから今日はやめようと。

　これを繰り返しているうちに「なぜ苦しいか」わかったんです。

みれい　どうしてなんですか？

植原　死にそうになるからだよね。

みれい　先生がしていた呼吸法って、どういう呼吸法なんですか？

植原　ただ吐くだけです。

みれい　そうか！　ただただ、吐き切っている。吐き切りすぎて苦しいわけですね？

植原　そうそう。

みれい　植原先生は、死にそうになるまで吐いていたんですね!?

植原　はい。死にそうになる。でも、死ぬの、いやじゃん？　ただ人間は、怖いもの見たさというところがある。「死ぬってどういうことなんだろう」って。「一応、やってみるか」と、吐いて。「死んでみよう」と吐いて、「ああ、もう、本当に……これで死ぬ……」と思った時に、「**死なせてくれないものがいる**」のに気がついたんです。

みれい　はぁ――――っ！　それって先生おいくつの時ですか？

植原　29歳。それはね、びっくりしましたよ。「ああ、そうなんだ、これか……」と。これが、我々を活かしているものなのか、こうやって我々を活かしている存在があったのかと。その時、何か、来ました。

みれい　えっ？　何かって何ですかっ!?

植原　ふふふ。何回か試したんだけどね、そのたびに、来る。

本当に来るのよ。いるのよ。何なんだ、これは、と。

みれい　く、来る!?

植原　うん。ツンツン、と。ツンツンツンツンと来るんです。

みれい　来る……!?　いる……!?　ツンツン!?　誰でも体験できるんですかね？
植原　できるよ、俺ができるんだから。
みれい　わかるかなあ？
植原　なんだかわからないけど、間違いないというのが来るよ。
でもね、それがどういうふうに来るかっていっちゃうとダメなの。そうすると、「僕はそうなりません」となったりする。
みれい　確かに。
植原　ただ、そういう現象はある。
みれい　むむむむむ。死の体験ですね。息を吐いて吐いて、吐いた先に……何か現象が起こるという……。

宇宙生成の体験をしたあとに塾をはじめることになって

植原　釈迦も、そういう現象が起こるようになる方法、それしかいわないじゃん。目覚めに至る道はちゃんと示してくれているんだ。八聖道《はっしょうどう》、四聖諦《ししょうたい》、十二縁起《じゅうにえんぎ》。でも、具体的なことは何もいわないじゃない？　それでじゃあ、どうなるのか。「それで目覚める」としかいっていない。どうなるかは、やった人にしかわからないようになっている。学者さんたちだって、そういう体験をしないまま、どこかの本に書いてあるようなことばかり、ああだこうだといっているから、わからないままなんだよね。

みれい　先生はその体験をする前とあとでは変わったんですか？

植原　変わらないよ。だって、あとは自分がどうしていくか、だもん。その体験によって変わるんじゃないから。

みれい　そっか……。

植原　そこに至る道を、今度は実生活に落とし込んでいかなくてはならないから。
そうしたらさ、それまでどうしようもない、ロクでもない自動車屋のオヤジだったのに、来るのよ。

みれい　えっ！　今度は何が来るんですか!?

植原　「おじさん、うちの父ちゃんがさあ、おじさんの後輩なんだってね」って。「そうだよ」っていうと「父ちゃんがさあ、おじさん、英語よくできるから習いに行ってこいって。おじさん、暇だろう？」。「ご覧の通り暇だよ、俺は」って。

みれい　ああ！　子どもがやってきたんですね。

植原　そう。「じゃあ、やるか」と。たまたまその子がうちの子どもの同級生だったから、それで塾になっていったんですよ。その子が稀代のセールスマンで、もう、どんどん、どんどん、どんどん、どんどん、生徒を連れてくるわけよ。

みれい　このルン・ルの大元となった塾がはじまる直前に、植原先生は、吐いて吐いて吐いて吐いて吐き切ってツンツンという体験があった、と。

植原　実際はツンツンなんてもんじゃなくて、もっとすごい、ダ――――ンと、ビッグバンのようなものです。
みれい　点が線になり、線が面になり、三次元になって……**完全に宇宙の生成を体験されたわけですね？**
植原　そうそう。だからＣＤの録音をしてくれた藤田武志さんが、俺のルン・ルには、「ビッグバンの響きが入っている」といったんだよね。
みれい　はあー。子どもたちは、何か、こう、わかるんですかねえ！　何かを感じて、「おじさん、教えてくれよ」って来たんでしょうね。
植原　でも、俺って大学は途中で辞めているしさ、教育学とかそういうものも何も知らないから、教えられないのよ。だから生徒が質問するだろう？　「おじさん、これどういう意味？」って。「あのさあ、俺がわかるように説明してくれよ」って。そうすると、一生懸命俺にわかるように説明してくれて、「なんだ、俺わかっちゃったよ」って、生徒がいうわけよ。
みれい　はあー！
植原　「そうだろう？　だから俺になんか聞くんじゃないよ」っていうの。

そうやって子どもたちが集まってきて、俺の話を家族にするわけ。そうすると親御さんが、「ゴルフがシングルになる方法はありますか？」「あるよ」って。

みれい　あははは。

植原　ね？「商売がうまくいかないんだけれど、何かいい方法ありますか？」「あるよ」って。

みれい　わぁ（笑）！　大人も集まってきちゃったんですね！

デルタ脳波速読法で「3時間で30冊読めるようになります」

植原　それで船井幸雄先生の本を読んだら、船井先生が偉そうに……ごめんね……でも、偉そうにこう書いていたの。「わたしは東京から大阪に行くまでに本が3冊読める、どうだ！」って。その頃はまだ「のぞみ」がなかったから、「ひかり」で3時間かかった。「何をいってるんだよ」と思ってさ。それで、すぐに手紙を出したの。

「わたしに1時間くれたら、10倍の速さで読めるようになります」って。

みれい　えっ！　3時間で30冊！

植原　そう。返事がすぐに来て、それですぐ会いに行った。1時間っていったけど、最初の1時間は世間話をして。じゃあもうそろそろ時間がなくなるから、そろそろやるか、と。本当にほんのさわりをやっただけなんだけど、「わかったよ、植原君、あとは自分でやるからいいよ」と。あの方も「一を聞けば千わかる」といっていたから。

みれい　その時は速読法をお伝えしたんですか？

植原　はい。速読法だけです。

みれい　船井先生は、「デルタ脳波速読法」と名付けたんですよね。

植原　当時、脳波が流行っていたからね。俺も脳波を測らされて。そうしたらデルタ波になっていた。

みれい　だから**デルタ脳波速読法**と。

植原　こうやって話している時も俺はデルタ波だから。でも、それは異常な状態なのよ。

みれい　そうなんですね!?

脳波の種類

ベータ波	緊張感があり、 不安・ストレスなどを感じる状態
アルファ波	リラックスした安静の状態
シータ波	うたたねのような浅い睡眠状態
デルタ波	深い睡眠状態で、意識はない

植原　人間がデルタ波になったら本当はこうやって話せないの。おかしいの。だって熟睡中と同じで、意識はまったくない状態だから。

精神科の先生に話したら、「先生、病院では絶対に測らないでください。そのまま収容されますから」といわれた。

みれい　へえ！　いや、今日も、これまでもそうなんですが、「植原先生のルン・ルへ行こう」と決めて、前の日くらいから、こう、たまらない気持ちになってくるんですよね。

植原　あ、そうですか？

みれい　ワクワクしてくるというか……なんかやたらと機嫌がよくなってくるんですよ。

植原　おくさんたちにはよくわいれますよ。旦那さんに

「お前、今日、ルン・ルか?」っていわれるって。

みれい 妙に機嫌がいいから(笑)。

植原 で、「早く行け」っていってくれるんですって。

みれい いや、わかります。今日も、先生とお会いするというだけで、こちらもデルタ波に反応するのか、はっきりと何かが作動しはじめていた気がします。

植原 ありがとうございます。

みれい 受け手も確かに何かを感じる。距離や時間を超えて先に、わかるというようなことが起こるわけですね。

ルン・ルで「生まれ変わった」とはっきり感じました

みれい ルン・ル中、わたし自身は、植原先生のような、ビッグバン体験はないけれど、でも、今日ははっきりと息が止まったんですよ。

しかも実は、ルン・ルをやりはじめてから……特にこの半年くらい、寝ていたりして息が止まったなと思うことがよくあるんです。

植原　そうですか。

みれい　寝ていて、金縛りと似ているんですが……何か苦しいと思って目が覚めるけれど、息をしていない時間が数秒ある感じなんです。

それで、息をしなきゃって思うんだけれど、息をするのを忘れてしまったみたいな空白の時間があって。それで、まずいまずいとなって、ブハ――ッってなるみたいな感じです。植原先生の体験にはとても及ばないけれど、でも、吐いて吐いて吐き切ったある地点という感じはすごくあります。

今日のルン・ルでもそんな瞬間があって、夢を見ているような中でいきなりパールでできた輝かしい世界に、ボンッと立っていて、「何、ここ!?」となりました。感覚としては「夢と現実の中間」みたいな感じです。

完全に眠ってしまっているのではなくて、ルン・ルを受けているというのは、わかっている。でも起きているというのとも違う。その中で、息が止まった瞬間、パールででできた世界に行ってしまっていた。そこに植原先生とわたしと二人で立っているみたいな体験をしました。

その瞬間に、「生まれ変わった」とはっきり感じました。

これが今日のわたしのルン・ル体験です。

ひょっとすると人って、本当はこういう体験を知らず知らずにしていたりもするんでしょうか。

植原　していますよ。

みれい　そういうものと共に生きている？

植原　はい。共に生きているんです。一緒にいるんですよ。

みれい　人間を活かしている存在と。無明と共に生きている……。

最大の恐怖を味わえばいい。死ねばいいんです

みれい　今日、生ルン・ルのあと先生に質問したくなったことは、「人間って……、もちろん自分も含めてですが……人間って、どうしてこんなにバカなんですか？」というものです。

植原　ねえ……。そうなんですよ。

みれい　どうして人間って、こんなにも眠らされているんですか？

植原　これはしょうがないんじゃないですか。

みれい　どうしてですか？

植原　人間が目覚めちゃったら、今、この社会をつくっている人たちが困るんです。そうでしょう？　もう誰もいうこと聞かなくなるもん。自分の好き放題なことをしていい。それで、誰ともぶつからなくなるんだから。

みれい　そうなんですよね。でも本当は、**誰もが好きなことをやればやるほど、すべてと調和するはずなんだと**……わたしも近年それに気づきはじめたし、そう感じる体験もたくさんさせていただいています。でも、かつてのわたしも、また多くの人も、自分や誰かが好き放題したら、周りに迷惑がかかる、周りとぶつかってしまう、だからやらない、という思い込みがある。

植原　こういう話をするとYouTubeで規制がかかっちゃうんだよなぁ。

みれい　植原先生YouTubeはじめておられますもんね。

植原　「気候変動問題」のマイナス意見いってごらん。そんなのも削除されてしまう。俺はそういう話をしょっちゅうしているからさ。

みれい　言論の自由が……。

植原　発明王の伴五紀《ばんいつき》先生が、「植原君、しゃべるのは何をしゃべってもいいいよ。だけど本には書くな」って。だから俺もすごく気をつけている。

みれい　でも今や話すことにまで規制が……。YouTubeや有名なSNSでの規制の話は本当によく耳にするようになりました。先生は、ルン・ルを全国各地回られて続けておられるのですが、何年くらいになりますか？

植原　40年以上。

みれい　40年以上、すごい数の人が、植原先生のルン・ルを体験し、お話を聞いておられる……。

植原　だけど、今日だって二十数名だよ？　少ないところなんて2人とか……。

みれい　あら！

植原　もっと前なんかは、部屋を開けると「あら？　わたしひとり？」ということもあったんですよ。

みれい　えーっ、本当に!?

植原　そういうことも何度もありました。

みれい　でも、今となってはたくさんの方々が受けて、眠りから覚めておられるのでは？

植原　本当にネ、眠らされているのですよ。

みれい　たとえば……ごく一例ですけれど、「病気は治さなければならない」とか。

熱が出たり、血が出たり、吐いたり、下痢したり……せっかくからだが解毒しているかもしれないのに、「それを止めなきゃ」とか。そういう「症状」があることがまるでいけないことのように思わされている。全体を有機的に大らかに見る視点がものすごく奪われているというか。

本当に大勢の人間がそうなっていると感じるのですが気が頭のほう、上のほうに上がってしまって、ブレブレになってかなりトンチンカンな状態になってしまっている。

本人も何かおかしいゾって思うんだけど、またSNS見てしまったりしてどうでもいい情報を仕入れてさらにわけがわからなくなったりだとか。

もちろん症状を急いで止めないといけない場合もあると思います。でも、からだの自浄作用まで、「治さなきゃ」っていうのは、いつもおかしいなって思います。

植原　そう思わされているんですよ。

みれい　本当は、こころの奥底では、どういうことが起こっているかわかっているのに？

植原　そうです。だってさ、病院へ行く野生の動物なんていないじゃない？

みれい　そうですね。自分で治しますよね。

植原　野生動物は何をすれば快方に向かうかもわかる。食べるものも変えるし、温泉に入るのだっている。

みれい　うちで飼っている犬や猫でも、調子が悪くなると、食べなくなったり、ひたすら眠り続けたり、日光にあたったり、草なんか食べて治してしまいます。

植原　そうでしょう？

みれい　人間だってそういう力があるはずなのに、眠らされて、恐怖に支配されていますよね。「熱が出たらまずい」「下痢、止めなきゃ」「血が出た、どうしよう」って。むちゃくちゃな生活しておいて困るとすぐ病院や医者を頼ったり。自分で手を尽くしてどうしようもないとなった時に頼るのはわかるのですが、頼られるほうも大変だろうなと思います。

自分という車を運転する主導権を外側のどうでもいい何かに譲ってしまっているように見えるというか。

でも、ちょっとだけ野生動物を観察したり、自然や人間のしくみを知ったり、自分のこともよく観察すれば、もう、まったく違う世界が広がっている。自然や宇宙の法則を知って活かせば、絶対大丈夫な世界が自分を支えているとわかる。その世界が歴然としてあるのを知れば、恐怖を起点にしなくてよくなると思うのですが。

植原　そうそう。

みれい　どうしてみんなこんなに恐怖に支配されているのか……。

植原　だから、**最大の恐怖を味わえばいいんですよ。**

みれい　最大の恐怖？

植原　**そうです。死ねばいいんです。**

だから、ルン・ルではみなさんに「死んでください」といっているんです。

みれい　みなさん、**ルン・ルに死にに来ているんですね！**

植原　そうです。うふふ。

みれい　でも、ルン・ルに来て、こう、横たわって植原先生のルン・ルがはじまってもその間も、息が止まることはあっても、死ぬほどの恐怖体験はないかも……。

植原　でも、いますよ。

みれい　「怖かった」って？
植原　そうおっしゃる方もいる。でも、もう、なんだって来ちゃうんですよ。
みれい　来ちゃう……。

死ぬ直前の人の頭は高速回転して熱いんです

みれい　「眠る」のと「ゆるむ」のとは違うんですよね？
植原　違いますね。
みれい　「ゆるむ」というのは、思考をしないということでしょうか？
植原　ゆるんでいくと結局、だんだんだんだん、思考するシステムが働かなくなりますね。ただ、そうなると人間はもう「寝ている」としか表現ができないんです。
睡眠と思考が停止しているのが同じだと思っているから、「ルン・ルで寝てしまいました」と表現したりするけれど、ルン・ルで起こっていることは睡眠じゃないんです。

みれい　あれ、寝ているわけじゃないんですね！

植原　**寝ているんじゃないんです。**

みれい　植原先生の声聞いてますもんね。本当に、喜怒哀楽とか、ものすごい情報量の何かを高速処理している感覚もあって。あと、ものすごくたくさんこれまでの記憶が出てくるような時もあるし。

植原　**脳の処理がすさまじいほど高速になっているんですよ。**だから、速すぎて、本人にはよくわからない。何をしているのかわからないんです。寝ているとしかいいようがないわけです。

みれい　でも睡眠とは違う。

植原　**死ぬ時がそうなんですよ。**

みれい　ああ!!　聞いたことあります。

植原　いうでしょう、走馬灯《そうまとう》のごとく思い出が駆け巡って、とか。

みれい　そうか。死ぬ時を体験しているんですね、ルン・ルで。

植原　はい。

みれい　寝る時と死ぬ時は、きっと違いますものね。
植原　今度機会があったらさ、ご臨終近い人の頭に触ってごらんなさいよ。熱いですよ。
みれい　へえ!!
植原　すさまじい高速で働いているからです。
みれい　じゃあ、ルン・ル中の人の頭も触ると熱いんですかね?
植原　そういう人もいます。
みれい　今日わたしが1回死んで、蘇《よみが》った感じがしたあの感覚はあっていたんですね。
植原　はい。
みれい　感激です。

「仕事は好きなだけやりなよ。やりたいだけやって、また休めばいいじゃない」

みれい　そういえば、何年か前に、先生に質問したことがあったんです。

「自分はありがたいことに好きなことが仕事になっていて、つい夢中になってやり続けてしまう。でも、周りは、やりすぎだ、休め休めという。先生はどう思いますか？」って。本当にその頃、自分でも仕事の配分みたいなものをどうしようかなと思っていたんです。

　仕事がおもしろすぎて休む間もなくやってしまう。体調を崩すわけではないのですが、最後はバタッ！　と倒れる感じ。そうすると身近にいる人は、心配して、「もう少し休みをとったら」とか、「少しずつやったら」とか、とにかく省力する方向へ、休む方向へとアドバイスをくれる。それもありがたくて、いろいろ試すけれど、うまくいかなかったんですね。自分としても何かスッキリしない。

　でも、先生だけが「**いっぱいやったらいいじゃない**」っていってくださったんですよ。「みれいさん、そんなに好きなんだから、もう**好きなだけやりなよ。やりたいだけやって、また休めばいいじゃない**」って。そんなアドバイスをくれた人、誰もいなかったんです。それはもう、目からウロコでした。ものすごくうれしかったんですよね。感激してしまって。ようやくスッキリする答えに会えた！　と。

それ以来、「やりたいだけやる、そうして気が済んだら休む」というスタイルになったんです。何曜日にどれくらい休む、とか、1日にどれくらいやる、とかじゃなくて。そうして、好きなだけやってやってやり続ける……というスタイルをとったら、逆に本をつくる仕事をはじめて25年以上たつんですが、はじめて休みを約2ヶ月とれたんです。

植原　そうなんだ！

みれい　そうなんです。でも、今振り返ると、植原先生のアドバイスを聞いて、やり尽くしたことと、同時にルン・ルをずっと聴いてきたこととも関係があるかなって。とにかく気が済んだというか。休みも、自然にとる流れになりました。

植原　そうでしょう？

みれい　そうなんです。

植原　そうだよね？　**中途半端に休むからさ、キリがつかないんだよ。**

みれい　そうなんですね！

植原　本当はね、疲れることなんてないんだからさ。疲れると思うだけ。

疲れると思わされているの、みんな。本当は「過労死」だってありえないんだよね。

みれい　これ、書いていいんですかね？

植原　いいと思うよ。

みれい　過労死はない、と。

植原　だって、俺、３６５日、24時間、ず――――っと、10年以上休まず働いてきた。でもなんともないもん。

みれい　確かに。

植原　だろう？

みれい　わたしも夢中で本を書いたり編集したりしている時、疲れないです。

でも、なぜ人は疲れたと思うんでしょうか？

植原　「こんな仕事させられていやだ」って思っているからだよ。

みれい　なるほど！「いやな仕事」をしていると、疲れるわけですね。

植原　だって仕事なんて、「いい仕事」であるわけないだろう？

みれい　わはははは！

植原　字を見てごらん。「事に仕える」。何をやっているかなんて関係ないんだよ。

みれい　確かに、本を書いている時、「いやだなー」と思ってはやっていない。むしろ、朝から早くやりたいし、もっとやりたいし、「仕事」と思ってはやっていないかもしれないです。あそびっていうか……なんだろう、いってみたらあそびよりおもしろいことだし、うまくなっていきたい何かですね。

稼ぎのもと「福田《ふくでん》」になるために生まれてきました

みれい　では、先生にとってルン・ルは何ですか？

植原　俺にとってのルン・ル？　稼ぎのもとだよ！

みれい　おお！　稼ぎのもと！

植原　だからこそ、**超一流にならなければ稼げないじゃない？**

みれい　確かにそうですね。

植原　そうでしょう？　釈迦もいっているんだから。「なぜ、あなたはここに来ているのですか？　『福田《ふくでん》』になるためである」と。

みれい　「福田」？

植原　福田とは何だと思いますか？　「田」とは、インドでも田んぼなんです。つまりは、稼ぎのもと。もうひとつのもっと重要な意味は「頭」。「頭の働き」のことを指すんです。田んぼの「田」って「頭」っていうことなんです。

みれい　ふむふむ。つまり「福田」は、豊かになる、または、頭の働きがよくなることだと。そういう状態の人になるために生まれてきた、ということですね？

植原　そう。**よい働きをすればするほど「福田」になれる。**趣味なんかでやっていても、まともなことができるわけがないじゃない？　趣味では、人さまからお金はもらえないんです。

みれい　確かにそうですね。お金をいただいていないのは趣味の領域であるともいえる。

最低でも日本一になれ。だって競争しなくていいんだから

植原　お金は稼ぐもの。稼ぐためにやる。だから俺はいうの。「**どんなことでもいいから、最低でも日本一になれ**」って。そうすれば誰も放っておかないよって。

みれい　本当にそうですねえ。

植原　こないだテレビ（NHK「プロフェッショナル 仕事の流儀」）で「日本一のゴミ拾いやさん」ってやっていたよ。ゴミ拾いの極意を教えてくれていた。どんなことでもいいいんだよ。

みれい　何をやるか、どういうものなのかはなんでもいい、と。

植原　そう。ただ、決して人の真似をしない。そうすれば競争する必要はないんだから。

みれい　本当にそうですね！　**日本一になるって、自分にしかできない唯一無二のことをやるということ**なんですね！

植原　会員さんに聞かれるんだよ。「植原先生は、会員さんの都合とか考えないんですか？」って。考えるわけないだろ？　人の都合を考えて、俺のルン・ルの質が落ちたらどうするんだ？　俺は俺のことしか考えない。俺が最高にできるにはどうしたらいいか、それしか考えていない。会員さんのことなんか一切考えない。

みれい　植原先生が毎回、最高のルン・ルをするということを続けていくと、自然に会員さんもやってきて、会員さんのためにもなっていく……。

植原　そうそう。

みれい　それだけで十分なんですもんね。

植原　それだけです。

みれい　いやあ、シンプルだけれど究極の真理ですね。

植原　だから会員さん、時々いってくれますよ。「**植原先生って、本っ当にっ！　いのちがけでやっているんですね**」って。「あたりまえだよ。毎回そうだよ！」。

　そうじゃなかったら、あんなに高いお金をもらえるわけないでしょう？

みれい　そうですね。もちろん、なるほどそうだとわたしも思います。

　でも「好きとかいやとかじゃなくて生活するためには仕事が必要ですよね。日本一？　わかるけど、わたしには毎日の生活があって（くよくよ）……」なんていい出す方、いそうです。というか、そういう人のほうがまだまだ多そうかも、とも感じます。そこに働くのは、損得勘定なのかなあ？

植原　かなあ？

みれい　「そうはいってても、いやいやでもやらなきゃいけない仕事があるんスよ！」みたいな……。

「植原君、あんたは自慢していいよ。名実ともに日本一だ」

植原　俺、いやいややる仕事はもう散々やってきたから。25回転職したんだから。

みれい　えっ！　25回も！　自動車整備と塾の先生しか知らなかったです。ほかは何やっていらしたんですか？

植原　プロパンガスの仕事とか、ガソリンスタンドの仕事とか。自動車整備だって自分でやりたくてやったわけじゃないもん。前の仕事、クビになったんだから仕方がない。稼ぐっていうと自動車のことしか稼げないから。

職業安定所へ行ったら、「あんた、何やったんだ?」っていわれたよ。解雇されたなんていうのは、何かやったんだなと思われる。

みれい　でも、植原先生、ものすごく優秀な整備工でいらしたでしょう? 「ものすごい高級取りだったから、なかなか次のお仕事が見つからなかった」って、本で読みました。

植原　そうそう、優秀すぎたんですよ。仕事をやりすぎた。車を完全に直してしまうから、「こういうのがいると迷惑だ」っていわれて。

みれい　当時は、植原先生も、いやいややっておられたんですか?

植原　だってほかにやることないんだもん。

みれい　でもやるからにはその時その時で、超一流になってしまうというのは、当時からもう「福田」はじまっていたんじゃないですか?

植原　自動車整備といってもね、自分で整備するんじゃないんだ。自動車検査員という資格があって、整備して仕上げた車を検査する仕事があって、それをやっていた。
　で、俺がオッケーっていうと、車検が通ったのと同じになるわけ。

みれい　へえ！

植原　でも、俺があまりに厳しくするから、仲間にいやがられるわけさ。「こんなに厳しくやっていたら儲《もう》からない」って。「何いってるんだよ。ちゃんと車直さないで、いい加減なことやってるからろくな金取れないんだろ」って。
　さらに「まけろ」といわれて、まけたりもするわけじゃない？　違うわ、と。きちんと車を整備して、基本の料金があるんだからその料金通りもらって、「まけろ」といわれても「まけられない」といえばいいんだよ。それができないんだよ。

みれい　ああ……。でもわかる気がします。仕事を突き詰めないで、でも自信もないし、周りとも合わせたりして結局一流の仕事じゃなくなって、ギャラも低くなってしまう。ひょっとするとどんな業界問わず「あるある」なのかもしれないです。

植原　自動車検査員やっている時も、運輸省から検査の人が来るわけよ。わたしが現場でやっている仕事を見たり、検査の仕方を見たり、俺のほうもテストされるわけ。口頭尋問されたり、ペーパーテストがあったり、実技があったり。それでね、運輸省の人が「植原君、あんたは自慢していいよ。名実ともに日本一だ」といった。

みれい　ほおおおおお!!　それは整備のお仕事をはじめてどれくらいの頃のことなんですか?

植原　7、8年かな。

みれい　**先生、本当に日本一だったんだ……。**

植原　たとえば、エンジンを分解するじゃない?　いろいろなところを経由して、削り直す。その過程は自分ではできないから、外注に出すんだけれど、削ってきたものを手で触ってみてやり直しを出してた。「0・01㎜狂ってる」って。

みれい　ひやーっ!　感覚で。天才の領域ですよね。

植原　実はね、それができるようになったのは、紙屋さんの友だちがいたからなの。紙屋さんって、指で触って厚さがわかる。俺もそれを応用した。

みれい　エンジンの部品に。

植原　だって、0・01㎜で、エンジンのもちが全然違うんだもん。
みれい　なんと精妙な話！
植原　俺のところで車検を受けたら、2年間何もしなくていいように仕上げてある。だからこの値段をもらうんだ、と。万が一、修理しなきゃいけないということがあったら、全額俺が補償するって。
みれい　植原先生そのままいってたら、プロフェッショナルに出てますね。日本一の検査員で。
植原　そうだね。でも、解雇されて暇になったわけよ。車が直っちゃうから。途中で車を直しに来る人もいないわけだからさ（笑）。
みれい　でも、本当の仕事ってそういうことですよね？　一流のプロの仕事って。
植原　だろう？
みれい　すごく納得がいきます。もっといったら仕事の責任を取るとはどういうことか？　という話ですよね。しかも、そういったお仕事をしている間も、おびただしい量の本を読まれていたりして、（自己）探求を続けておられて……。

完全に治してしまったら儲からない!?

植原　女房に、外でいっちゃいけないっていわれている話があるんだけれど……。

みれい　ぜひうかがいたいです。

植原　「医者はいいよな」って話。「これは、たぶん、風邪だと思うから、この薬とこの薬を飲んで様子を見ましょう。もしもよくなかったらまた変えますからね」って。それでお金がもらえるんだからいいよなって。

みれい　はい。

植原　それもお国がやっているんだから。

みれい　でも、こういっちゃなんですが、現代社会ってある側面では、無意識のうちにそういうもんだっていう感じで商売している人も多いかもしれない、ともいえますよね？

植原　そうでしょう？

みれい　何なんですかね？　日本一の自動車整備の仕事をして、2年間修理する必要のない車に仕上げられる人は解雇されて、そうじゃない人は、「まけられますか？」「まけます」なんていって、でも、安い賃金でやっている。それで文句いったり。こんなことだらけじゃないですか？

植原　先日ね、お医者様のお話が出ていて、「医者は完全に治すのではありません。症状がなくなればいいんです。日常生活に障《さわ》りがないくらいになればいいんです。完治させるのではなく、寛解《かんかい》させるんです」って。えぇっ!?（それでお金もらっていいの？）いいなあって。

みれい　もちろん、すばらしい医師、ひょっとしたら、一度診てもらったら二度と行かなくていいくらい治ってしまうお医者さんというのも現存するのかもしれませんが、でも、医師だって、「二度と症状が出ないようにする」というのではないシステムの中に、どうしてもいるような気がします。

本気で病気や症状の原因を探り、いのちをかけて完治させようとしている人がどれくらいいるのか。いるのかもしれないですが……。同時に、患者さんが存在することで、経営も回っていくわけだから……そこは自動車整備の世界と同じで、完全に治しちゃうと潜在的にまずい、みたいなことだってなきにしもあらずですよね。人というよりは、システム的に。

植原　ところが、昔はいたのよ。１００年くらい前はそういう医師が。

みれい　ええっ!?

植原　医師じゃない、当時は、鍼灸師とかそういう人たち。

みれい　一度診てもらったら、完治して、二度と診てもらう必要がなくなる。患者さんが二度と来ないお医者さん、ですね？

植原　でも儲からないでしょう？

みれい　そういえば、わたしの知っている歯医者さんでそういう方がいます。「自分の仕事がなくなることが、自分の仕事の目的だ」って堂々とおっしゃっている方。予防のための知恵をしっかり教えてくださる歯医者さんです。

その先生は、診療も独特だけれど、予約が絶えないです。実際、わたしの歯も良好で、ずっと歯医者さんに行く必要がない状態が続いています。

日本一になるなんて簡単だよ。人がやらないことをやればいいんだから

みれい　これまでは、突き詰めないことで儲けられていたかもしれないけれど、一方で、もうごまかしがきかない世の中になってきている気もしていて。実は、全員、日本一を目指す時が来ているというか。

植原　そうです。なんでもいいから日本一になったらいいんですよ。

日本一なんて簡単なことじゃない？　**人がやらないことをやればいいんだから。**

みれい　そうですね！　すごくシンプルで簡単だし、誰もがたのしくなる方法ですよね。でも、どうしてみんなやらないんだろう？

植原　だって、人と違うことをしちゃいけないから。

みれい　そうかそうか。そう思わされているんですね？

植原　そのくせさ、「我が校の目標は、創造力を培《つちか》うことで……」なんていってさ、創造力ということは、あたらしいものをつくり出すんだから、人と違うことをやらなければできないのに、みんなと同じことをやらないと怒られるという……ね？　非常におもしろいと思う。

みれい　そろそろ、「人と同じじゃないといけない」ということが嘘《うそ》だって気づきそうなものですけれど……。「学校や先生のいっていること、矛盾してるよ！」とか。

植原　気づいている人は少ないでしょう。不登校の子くらいで。

みれい　会社へ行けなくなる人とか、あとは、ルン・ルに来ようと思う人とか？

植原　うふふ。はい。

みれい　とにかくここ数年で「この世の中が、何かおかしい」と気づきはじめている人は、確実に増えている気がします。

8年間のホームレス。あんな楽な生活もなかったよ

みれい　植原先生って、以前はすごく癇癪《かんしゃく》持ちだった、短気だったと、本で読んだことがあります。わたし、先生の若い頃のことをもう少し知りたいのですが、先生がゆるみはじめたのって、ホームレス生活をはじめてからのことなんでしょうか？

植原　そうだと思いますよ。

みれい　「もう、大学辞めた！」となってからでしょうか？

植原　そうですよ。

みれい　でも、まだまだ多くの人が「もう、辞めた！」とはならないし、会社や組織から抜けられても、ホームレスにはなかなかなれないですよね？　すごく勇気がいるというか。しかも8年間、路上生活をされていたとは……。

植原　やってみると本当にいいよ（笑）。

みれい　（笑）。「○○は3日やるとやめられない」といったりしますが。

植原　俺がホームレスしていた時は、高度成長期だったから、いくらでも仕事があったのよ。やろうと思えば日雇いの仕事がね。高田馬場に行けば「おい」って声かけられて、その日その日の仕事があったわけです。

みれい　そうですか……。それでも、たとえば「大学つまらないな！」と思っても、つまらないなりに通ってしまうケースが多いと思うんです。

せっかく勉強して入ったんだし、大卒だとまあ潰しがきくかなとか。それでずるずると、どんどんレールに乗せられていくというか。「大学の先生もずいぶんたいしたこといってないなあ」ってわかっていても、行動できない。

植原先生は、よく大学ドロップアウトされましたね。

植原　大学に入って数学の試験があったから問題を見たら、「あれ？　これさあ、考え方、ひとつじゃないよな？　答え出せねえよ！」と思って、先生のところへ行ったわけ。「先生、これ、答え出ませんよね？」って。

そうしたら、「そんなことはない！　わしは東大の先生に教えてもらったんだから、答えは出る！」って。「あー、こりゃダメだ。もういいや、大学は」って。

みれい　それでもう公園ですか？（笑）

植原　そう（笑）。

みれい　（笑）やばいです。そこが植原先生すごいです。

植原　なんで？　だって、そんな先生に習いたいと思う？

みれい　わたし、そういうところが、植原先生とわたしを含め多くの人との違いかなって思うんです。ふつうは、どこか無意識に妥協してしまうでしょう？

植原先生を見ていると、「自分って突き詰めてこなかったな」って本当に思うんです。学校とか社会に対して、「おかしいな」とは思っていました。でも、違和感を覚えていても「こんなもんかな」って周りをキョロキョロ見て、どこか周りに合わせてやってきた気がします。

わたしの場合は、ずっとおかしいな、生きづらいなとは思っていたけど、自分がダメなんだって自分のほうを責めていたんです。そうして30代で体調崩したり、結婚生活がうまくいかなかったり、会社を立ち上げることになったりして、ようやく30代後半以降です、いろいろなことに対する違和感に正直になって、それに忠実に行動できるようになったのって。「人と違っていい、もう自分のやり方でやるしかない」って心底思えるようになったのは、本当に10年くらい前のことで……。

植原　俺、本当に、瞬間湯沸かし器だったの。

みれい　短気で、癇癪もちで。それが功を奏した、と。「やってられっか！」と（笑）。

植原　そうそう。

みれい　だって、植原先生って、ホームレス時代、新聞の「人探し」のコーナーでおじさんに呼びかけられてましたよね。「紘治、帰ってこい」って（笑）。それでも帰らなかった。

植原　帰らないよ、そんなことじゃ（笑）。

みれい　そうかなあ。やっぱり、そこがすごいなと思うなあ。

植原　なんで？

みれい　根負けしそうですよ……。

植原　こっちだって、やることいっぱいあるんだもん！

みれい　好きな本を読んだりですか？

植原　そうそう。あんな楽な生活、ほかにないじゃない？

みれい　でも、不安とか恐怖心とかなかったんですか？

植原　なんで？　どうして恐怖心なんかが湧いてくるの？

みれい　「このまま、俺、どうなっていくのかな……」とか。

植原　どうなっていくか、なんて、毎日（何か）やってるじゃない。

植原先生の幼少期の地獄体験。病弱で5歳まで歩けなかった

みれい　たとえばですよ？　同級生なんかは、就職して仕事してるなあ、とか。結婚して子どもつくって家族つくってる。でも自分は公園にいる。心配になってこないんですか？

植原　何がいいの？　結婚して子どもできて何がいい？

みれい　そういわれると……確かに……（口ごもる）。

植原　そんなの全然考えたこともない。

みれい　そうですか。人と比べたり、たとえば、自分は定職についていないとか、そういうのを思いわずらうというのは一回もない？

植原　ない。「文句があるならかかってこいや」と。

みれい　（胸の前で拍手）植原先生のその気質というか、この意識をつくったものは何なんですか？　小さい頃の体験でしょうか？

植原　おそらくね。5歳まで歩けなかったから。病弱でね。それがよかったのよ。

みれい　最初から人と違っていた、と。

植原　そうそう。究極の弱者だったからね。毎晩、いちばん悲惨なものを見ていた。地獄の千日回峰行《せんにちかいほうぎょう》していたから。朝になると、閻魔《えんま》様が「お前は帰れ」っていうの。

みれい　毎晩地獄へ行っていたというのは、誰かに打ち明けておられたんですか？

植原　当時は誰にもしていない。最近はよくするようになったけれど。

みれい　夜になると地獄へ入っていって、青鬼とか、赤鬼とか閻魔様に会って、朝になると戻ってくる……。

植原　俺なんか、当時、赤ん坊みたいなものだからさ。鬼さんだって何だって、別に何もしないじゃない？　お地蔵さんはいるし、暗闇天女もいるし……おばさんもいるのよ。

みれい　おばさん？

植原　弁財天の姉さん。閻魔様のおくさん。

みれい　ほかの人たちは、鬼に何かやられているんですか？

植原　そうそう。うぎゃ！　わあっ！　ああっ！　って。

みれい　それを見ているんですか？

植原　それで死ぬわけじゃないもんね。ずっとやられているのを見ていて、「ああ、平気なんだ」と思って見ていたよ。

みれい　それはお化け屋敷に行って、お化けを見ているようなものなんですか？

植原　そうね。

みれい　植原先生の、この幼少期の地獄体験って一体何だったんでしょうか？

植原　天国へ行ってもつまらないでしょう。何の刺激もないんだもん。人間にとってストレスがなかったら困るんです。天国なんてストレスがない典型じゃない？　でも地獄はたのしい。毎晩、ぎゃっ！　うわっ！　うぎゃっ！　って（笑）。

みれい　ものすごく刺激的ということですね（笑）。

ゆるんでいないまま自分らしく生きる、豊かになるなんて無理だと思う

みれい　この本の編集担当の豊島裕三子さんが、タイトルや帯文で「ゆるんだ人から自分らしい生き方になる」ということをもっと強いことばで伝えたいとおっしゃっていて。「ゆるんだ人から豊かになれる」からさらに進んで、「ゆるんだ人からどんどん願いが叶う！」と入れたいと、あらためてこの対談前にお願いされたのですが、逆にいえば、ゆるんでいないで願いを叶えるということじたいが難しい、ですよね。

植原　難しいよね。

みれい　もちろん、これまでの昭和的な、いわゆる世間的な「常識」からいうと、「願

望を叶えるにはがんばらないと！　ファイトーオー！」みたいなことが一般的かもしれないし、多くの方がまだまだそう思っていると思うんです。

わたしもどこかで、願望を叶えるって、がんばって、努力して、山登りするみたいに叶えていくんだってずっと思っていました。

でも、わたしもルン・ルを体験して、**ゆるんでいないまま自分らしく生きるなんて無理だし、本質的に豊かになることも難しいだろうし、願望成就も難しいだろうと、今ならはっきりとわかります。**

先日も、ある俳優さんと話していて、その方はイギリスで演技の勉強をされた方なのですが、イギリスの大学でどういう演劇の訓練をするかというと、「とにかく、舞台の上でどれだけリラックスしていられるか」。そういう訓練ばかりしているというんですよね。これって、本当に生きていく上での真理だなって。

ただ、あまりに眠らされているからなのか、思い込みが強すぎるせいなのか、恐怖心が強いせいなのか、植原先生のように違和感を覚えて別の選択をする……たとえば大学をドロップアウトするとか、8年間ホームレスをするとか……なかなかできない人のほうが多いわけですよね？

植原　できないんじゃなくて、しないんだろう？

みれい　ああ……。ものごとをそこまで考え尽くさないともいえるかもしれないですね。だから、そういう人たちに「ゆるんだらこうなるよ」っていってもいまいちピンとこないのかなという気もするんですよ。

植原　そうね。

みれい　扉を開けたら、まったく違う世界があるんだけれど、その扉じたいに全然気づけないというか。

植原　はい。

みれい　その扉があることに気づくには、苦しみ抜いて苦しみ抜くしかないのか。それまでの自分にもう懲り懲りとなるしか扉に気づく方法ってないんでしょうか。

植原　本当にね。よく俺も相談を受けるんだよね。「もう、つらいんですよ」って。そうするとこういうんだよ。**「まだ足りねえよ。地獄に落ちろ」と。**

みれい　わっ！　厳しい。その方、泣いちゃうんじゃないですか？

植原　泣くよ。だって、**地獄に落ちればわかるじゃん。とことん落ちる。そこまで行くと、あとはペコンッてやれば、上に上がってくる。**

みれい　あー。やっぱりどん底を見て、そこから這《は》い上がるしかないんですね。

植原　中途半端だから「つらいです……」とかになっちゃう。

みれい　でも誰でも落ちるの、怖いんじゃないですか？　どん底、体験するの怖いですよ。

植原　ね。今こんななのに、もっとひどくなったらどうなるんだろう？　って。

　でも、俺は、**「死んでもいいや」と思ったけど「死なない」ということがわかったから。「なんだ、大丈夫なんだ」って。**

みれい　植原先生は、そこをご自分で試したのがすごい。吐いて吐いて吐いて吐いて……苦しくなっても吐き続けて、「あれ？　死なない。大丈夫だ」って。誰にでもできることじゃないですよね。

植原　いや、だから「みなさんも自分でやってください」っていっているんです。

みれい　吐いて吐いて吐いて吐いて……苦しくて死ぬー！　となって、それでも吐いて吐いて吐いて吐いて吐き切ると、自分を活かしている「無明」に出合う。よくよく考えたら、とんでもない恩寵《おんちょう》の中で生きているということなのか……。

植原　そうよ！

とことん怖がること。みんなは怖がり切っていない

みれい　ただ……何が恐怖かって、死ぬのが怖いわけですよね。感染症にしろ何にしろ、死の恐怖がベースにあるから、大騒ぎになる。

植原　究極に怖がればいい。そうすると「あれ？　この先どうなってくるんだろう？」って興味が湧いてくるものなんだよ。

みれい　そうですか……。

植原　そうです。怖がり切っていないの。

みれい　確かに……。

植原　でしょう？

みれい　とことん怖がればいいんですね。中途半端に情報を得て、中途半端に怖がるんじゃなくて。

植原　「もう死んでもいいか」って思うと、「死ぬってどういうことなんだろう？」って興味が湧いてくるんだよね。怖さの正体が何か、見極めたくなるはずなの。

でもね、死なせてもらえないんだよ。

みれい　でもよく考えたら、人間の死亡率って一応100％なんですよね。死なない人っていないのに、どうして死が怖くなるんでしょうねえ……。

植原　でも死なない人っているんだよ。ババジ*とか。

みれい　ああ！　これからは死なない人も出てくるのかなあ。植原先生も死ななかったりして。

植原　これからは、もう、死ななくなるんだよ。部品交換すればよくなっていくから。アメリカではその技術ができているわけだからね。でも、それじゃあ世界一の長寿者になれないもんな……。

ババジは今2000……何百歳だっけ？　しかもババジにはお姉さんがいるっていうんだから。

みれい　えええっ!?

植原　だからババジがトップではない。

みれい　うーん。確かにこうして植原先生とお話ししていると、死についても突き詰めて考えてはいなかったんだとわかってきます。自分が本当に死にそうになったり、死ぬ時のことをもっと突き詰めて考えてみたりするといいのかもしれないですね。

植原　そうよ。俺が子どもの頃、毎日地獄へ行っていたのは、自分が死にそうだったからなんだよ。朝になると、お医者さんが「まだ生きているのか」っていっていたくらいなんだから。

みれい　結局、先生はその時天国は見ていないんですか？

植原　俺みたいなのが天国なんて行けるわけないじゃない。でも三途《さんず》の川は入ったよ。俺、赤ん坊だから、立ってなんかいけないから、水の中を這《は》いつくばって入っていくわけ。そうすると、顔がやたらデカくて目もやたらデカい魚が俺のほうに近づいてきて……で、俺のほうを見ていくの！

みれい　先生って本当に生まれたそばから死んでいたんですね！

＊ババジ……不老不死といわれるヒマラヤの聖者。203年生まれとも伝えられている。

俺、悟りというものにまったく興味がないの

みれい　植原先生はデルタ波が出ているということですが……それも幼少期の地獄体験や死に近かったことと関係あるんですかね？

植原　こうやってしゃべっている時がベータ波。だんだんだんだんリラックスすると、電気の信号が波打っているのがゆっくりになっていって、デルタ波になるともうほとんど波もなくなって……。

みれい　脳波がデルタ波になっているのに、あのルン・ルのように声を出しているって

いうのは、ありえないんですよね？

植原　はい。デルタ波っていうのは、泥のように眠っている時の状態。だから意識があってはいけないんだよね。

みれい　先生は、幼少の頃からデルタ波が出せていたんでしょうか？

植原　いや、違うと思いますよ。怒ったりなんかはしているんだもの。

みれい　怒っている状態は何波なんですか？

植原　怒っているときはガンマ波が出ていますよね。

みれい　でも、今や、植原先生は、イライラしたり焦ったりすることは一切ないって、ひすいこたろうさんとの共著に書いてありました。

植原　うん、今はね。まったくないといったら嘘になると思うけど。ただ、他人から見て「あ、イライラしているな」って思われるようなイライラの仕方はしない。脳波にも出ない。ただ、人間だから感情はあるのよ。釈迦だって、怒ったり泣いたりした。

みれい　悟ってからもですか？

植原　そう。

みれい　そういうものなんですねえ……。

植原　ただ、それに引きずられないのよ。

みれい　もう、いかなる感情にも引きずられなくなるのが悟った状態、ということなんでしょうか？

植原　俺、**「悟り」というのは全然興味がないの。**

みれい　ええええっ!!　そうなんですか！

植原　釈迦だって（本当は）悟ってなんかいないもん。

みれい　釈迦は悟っていない!?　悟ってたと思っていました。

植原　悟っているわけがないじゃない！

みれい　悟っていないんだ!?

植原　「悟っています」といっている連中見てみ！

みれい　はあ……。

植原　ね？　俺、いっぱい見てきたんだよ。世界的に有名な大学の学者がさ、「お悟りは？」なんていったりして。「馬鹿野郎、何がお悟りだ!?」って。

ホームレスやってる時に、ある禅宗の大本山の娘さんと知り合って話するようになったんだよね。今はその人、ちょっと有名な学者になっているらしいけど。それで、「あいう、悟ったっていう人たちのこと、どう思う?」っていうからさ、「どう思うったって、全然興味ないけど、大したことないだろう?」っていったら、「そうなのよ」って。「大本山で威張っている連中は、全部嘘。話がうまいだけなのよ」。「禅を極める」ということを本当にやった人は死んでしまうんです。

みれい　えっ!?　死ぬんですか?

植原　極度の鬱《うつ》病になるのよ。自律神経失調症になったり。白隠禅師《はくいんぜんじ》のように禅病になっちゃう。だから、「あんな人たちのいうこと聞いちゃダメだよ」って(笑)。

みれい　死んだり、死にそうになっていないというのは、違うんだと。

植原　**無明がわかれば、すべてがわかるから。**

みれい　でも、「無明がわかる」ということが、「悟った」ということでもないんですね?

植原　お坊さん方は、「悟り」ということに異常な興味を示したり、執念を燃やしたりしているかもしれないけれど、**「悟り」なんて、どうだっていいことなんですよ。それより「無明がわかったかどうか」**なんです。

みれい　無明がわかったかどうか……。むむむ!!　では、逆に、どうしてみんなそんなに「悟る」ということに取り憑《つ》かれてしまうんでしょう?

植原　パッとひらけた感じがするんじゃない?　「俺って、すげーなー」って。

みれい　あはは。麻薬みたいなものですかね?

植原　そうそう。よく魔境に入るっていいますよね?　そういう人、何人もいたもん。もうどうしようもない奴らが。本当よ。世間じゃ絶対食っていけねえよ、っていうのが、お寺にはゴロゴロしている。威張っていてね。鎌倉とか京都とか、禅寺にはよく行ったけど、「こいつら、もうダメダメ!」って。

みれい　植原先生も、坐禅を組んだりしておられたのですか?

植原　うん。今から60年前なんて、瞑想っていうことばさえなかったからね。禅寺へ行くしかなかったんです。

みれい　でも、その禅やっている人たち見て、「違うな」って思ったんですよね?

植原　そう。

みれい　パアッと開けて「すごい」となってもそれは悟りではない。では、無明を体験するとどうなるんですか？

植原　「……」「……そうか……そうか……そうだったんだ」って。

みれい　「俺、すごいな」とはならない？

植原　ならない。釈迦だって「俺はすごいでしょう！」なんて一度もいっていないじゃない？　「こういうことが……ある」。

この「ある」ということ、これがすごい、ということがわかるわけ。

みれい　ああー。

植原　自分はちっともすごくない。

みれい　ものすごくおもしろいです。

植原　それはよかった。

あらゆる事象を速読できる。そして、超絶なシンクロが生じる

みれい　今日久しぶりに生のルン・ルを受けて、「あ、先生は何かを読んでいるんだ」とあらためて気づいたんです。

「1から10まで読みます」って聞こえて……。あれは何かを読んでいるんでしょうか？

植原　なんだろう？

みれい　もともとは速読術ですもんね。「2ページ、4ページ、8ページ……」って。

植原　今でも速読ですよ。

みれい　ということは、ルン・ルでのわたしたちは、今も速読術を習っているということでいいんでしょうか？

植原　はい。速読術を習っているんです。みれいさん、おっしゃっていたでしょう？「仕事が速くできるようになりました」って。本を読むことに対してだけの速読術では

ないわけですから。**何が速くできるようになるかは、人によって違うからね。**

みれい　自分で、「あれ、何か速くなってる」って気づくんですかね？

植原　そうです。

みれい　思わぬ才能が開花するとか？

植原　そうそう。たとえば、工場のラインで働いていたとする。「あれ？　なんで周りの人は、あんなにゆっくり仕事をしているんだろう？」と感じる。自分が速くなっているのに気づかない。あるいは、夫にこういわれる。「最近、料理教室行ったか？」「え？」「料理がすごくうまくなっているんだけど」。

みれい　わたしもとにかく仕事が速くなりました。知らない間にそうなっていたという感じですが、身近にいる人もそう感じるみたい。

もちろん本を読むのも速くなりました。全体的に速く読めるっていうよりは、**どこを読んだらいいかがパッとわかる**といったらいいか。

みなさん、何かしら変化が起こるんでしょうかね？

植原　うん。でも、「ルン・ルを受けたらどうなるんですか？」って聞かれても困るわけ。「何か変化が起こりますか?」「起こりません」って答えている。

本当の変化って、「変化したな」とはっきりわかるようでは変化じゃないんですよ。

みれい　ぬあああああ!

植原　でしょう? 変わった時点ではもう今、になっているんだから。過去の自分とは比べようがないわけだから。陸上の記録とっているわけじゃないんだから。

みれい　いや、本当にそうですね。わたしも実際速くなったなって思ってるけど、実際どうなのかは測定不可能です。あくまで自分の体感でそう思うだけで。

わたしは集中力がついたという感じのほうが近いかな。スタッフは、最近のみれいさん「キレキレ」っていってくれます。人と比べてではなくて、あくまで前の自分と比べてですけど。あとはシンクロすることが増えました。

植原　ほう。

みれい　シンクロでいうと、植原先生、たった今、ものすごく不思議なことが起こっているんですよ。今、先生と某高級ホテルのラウンジでこの対談させていただいていますよね。

実は、わたしの知人に、ある会社の社長さんがいらして。その方のおとうさま、つまりはその会社の会長さん、90歳になられる方がね、このホテルに住んでおられるんです。それでね、数日前にそのことを教えてもらったばかりで、どうもその会長さんとわたし、興味のあることがとても似ているから、そのホテル近辺へ行くことがあったら会長と会ってほしいって社長さんにいわれていてですね。そうしたら、たまたま今日の対談の場所がそのホテルだと対談直前にわかって、内心びっくりしていたんです。で、「ひょっとしたら、会長さんとすれ違うくらいのことはあるかもな」とは思っていたんです。でも、先生、シンクロはここまでじゃないんです。つい先ほど、その社長さんに「今、わたしたち、会長さんが住んでおられる◎◎ホテルにいます！」ってメッセージ送ったら、「えっ！　今わたしたちもそのホテルにいます」っていうんですよ（笑）。

その社長さんの会社、ここから、50キロ以上離れたところにあるし、社長さんだってしょっちゅうこのホテルに来てるわけじゃない。なんでも今日は会長さんの退去手続きにいらしたとか。

植原　ええーっ!?

みれい　本当に退去手続きして、みなさんでついさっきまでこのラウンジにいらしたらしいんです。こういうことが連発するんですよ。わたしが体感しているスピード感ってこういう感じです。

「みれい」というオリジナルに戻る。そうなったら日本一だし、宇宙一になるんだよ

みれい　今回の例でいうと、社長さんに頼んで、会長さんに連絡してもらって、日取りを決めて、いつに行くから面会に伺いますね、場所はどこで……とかじゃない。話が出て数日後に気づいたら同じ時間に、全員同じ場所にいる！　みたいなことです。
ただ、こういうシンクロが続いてくると、「わたしってすごい」とかじゃなくて、「人間って本来こういうものなのかな」って思うようになってきていて。
植原　そうです。それがふつうなのよ。
みれい　でも、その本来の状態から、たいていはズレまくっている。ゆるんでいないか

ら、全然ズレてしまっている。だからいつも余計にがんばらなくてはならなくなる。そうしてどんどん悪循環になっていくんじゃないかなって。

植原　はい。

みれい　ルン・ルって「本来に戻っていく」ってことですよね？

植原　わたしは「本来の自分」とかっていうのはあまり好きじゃないんだけれど。

みれい　じゃあ、何に戻る？　自然に戻る？　何が開花するんですか？

植原　「みれい」になるのよ。これまでつくり上げてきたものがあるでしょう？　そうじゃなくて、オリジナルになるの。オリジナルに戻ったら、もう日本一じゃない？

みれい　そうか、みれいが、みれいに戻ったら、ものすごくオリジナルになっているということだから、自動的に日本一になっているというわけですね？

植原　**宇宙一でもあるんだよ。**

みれい　全員？

植原　誰もがそうだよね。

温泉に入ってゆるむのとルン・ルでゆるむのは違います

みれい　前にも話した通り、植原先生に「どんどんやりなさい。疲れたら休みなさい。で、またやればいい」って、アドバイスいただきましたよね。

いちばん直近で書いた本は、1冊5日間で書いたんです。そうしたらもう気が済んで、はじめて2ヶ月くらい休みました。そうしたら、またなんとなく仕事をはじめようっていう気になってきて、再開したら、今までであり得ない量のことを処理できるようになっていた。**今までの自分をまた超える感じでできているんです。**これは先生のアドバイスと、ルン・ルのおかげだなと思っています。

植原　ありがとうございます。

みれい　複数のことを同時並行するのも苦じゃないですし、全部間に合っていく感じだから、全部たのしいですし。そうしてね、人に喜んでもらえるということが自然と起こるんです。こちらで想像した以上のことが起こる。

これが、本当に、自分が特別すぐれているとかじゃなくて、繰り返しになりますが、もともとはみんなそうなんだろうなという感じがすごくするわけです。

植原　そうそう。みれいさんだからできるわけじゃないんだよ。

みれい　本当にそう思います。謙《へりくだ》っていっているとかではなくて。

植原　わたしたちの脳だって「3%くらいしか働いていない」っていわれているんだからさ。ふだん働いていないところがちょっとでも働いたら、本当にすごいことになるわけですよ。

みれい　そのためには、まずゆるめばいい。

植原　そうです。

みれい　ものすごくシンプルですよね！　そして、ゆるむの嫌いな人って、基本、いないですよね？

植原　いるよ。

みれい　えっ!?　どうしてですか？

植原　「そういうだらしないのはダメです」って。
みれい　あー、気を張って生きていきたいってことですか？
植原　そうです。
みれい　そっかー。全人類ゆるむのが好きなのかと思っていました。
植原　だってどうなるかわからないじゃん？
みれい　ゆるんだら？　どうなるか怖いから？
植原　そうだよ。
みれい　でも、ほら、みんな温泉入ったりするの、好きですよね？
植原　あんなの……あんなのゆるんだうちに……
みれい　入らない……と（笑）。失礼しました！
植原　違うでしょう？
みれい　確かに温泉入って「ゆるんだー」っていって、仕事が速くなったりしないですもんね。

「臆病さ」がなければ本当の成功ってないんだよ

みれい　植原先生、わたし、もうひとつずっと疑問に思っていることがあって、ぜひ植原先生にうかがいたかったんですけれど、人ってどうして、「未来の自分はもっとよくなる」、場合によっては「想像を超えるほど、信じられないくらいよくなる」って思えないんですか？

植原　俺も、不思議なんだよね。

みれい　たとえばですけど「会社辞めたらその後が不安です」とか、「離婚したらその後が心配で」とか。そういう声ってすごく多い。

今の会社を辞めたら、もっとおもしろい仕事に就くとか、自分に最高に合った自営業をはじめられるのかもしれないし、離婚したらものすごく自由になってたのしくなるとか、自分にもっと合うパートナーが現れるかもしれないのに。そう思えないのって、どうしてなんですか？

植原　そう思っちゃいけないように教育されているから。子どもだけじゃなくて、親のほうもね。

みれい　「今がんばらないと、この先どうなるかわからないゾ」っていう脅しにあっているということですか？

植原　そうそう。俺の場合はね、ありがたいことに、両親がそういう考えの権化みたいな存在だったから、「ダメだ、こいつらは」と。「俺は、親たちとは反対のことをする」って、子どもの時に決めたんです。

みれい　ご両親は何をなさっていたんですか？

植原　二人とも公務員。ガチンガチンの。親父もガチンガチン。でも、お袋はそれに輪をかけてガチンガチンでした。超規定的な性格だった。

でもサ、『ゴルゴ13』って知ってる？　『ゴルゴ13』の名言でこういうのがあるんだよ。（主人公の）デューク東郷が、「どうしてあなたはそんなにすばらしくなれたんですか？」って、誰かに聞かれるんだけれど、そうするとこういうんだよ。

「10％の才能と20％の努力……そして、30％の臆病さ……残る40％は……〝運〟だろうな……」って。

みれい　「臆病さ」ですか。

植原　はい。**「臆病さ」がなければ、実は本当の成功って得られないんです。**その臆病さを、ただ「怖い」と言っているのではなくて、臆病でありながらも突き抜けていく。臆病であるからこそ、考えて考えて考えて考え抜く。そこが大事なんですよ。俺だって、何も考えていないように見えるだけの話で本当は……。

みれい　植原先生でも、臆病になって、考えて考えて考えて考えて……と突き詰めているということですよね？

植原　うん。**悩みはないけれど、考えるということはします。**考えるといっても、人から見たら考えているようには見えないかもしれないし、人が思っているような考え方ではないから、よくわからないかもしれないけど……そんなことはいいんだ。

みれい　臆病さって、生きる上で大事なカードなんですね。

植原　そうだよ。

みれい　それをうまく使えばいいんですね。

植原　そう。だから何も考えていないプラス思考っていうのは本当に困るんだよ。

みれい　わたしもいわゆるポジティブシンキングとかは苦手です。

すばらしい未来になった時の目を鏡で見る

植原　ただ臆病のままで止まっていると、自分の本当のすばらしい未来って思い描けないんですよ。だからよくいうんだよ。「すばらしい未来がほしかったら、そうなった時の自分の顔を思い浮かべてみろ」と。

「そうなった時の顔」。「自分でも信じられないくらい、すばらしいことが起こったらどういう気持ちになる？」「うれしいです！」「うれしい時の顔はどういう顔？」（……ここから植原先生、しばしひとり演技中……ふぁ〜っと輝く笑顔に……）。

みれい　（植原先生の顔を見て爆笑しながら）あははははは！　最高です！

植原　「その顔を先にしろ！」「何も起こっていないのにできません！」「何をいっているる！　今その顔したじゃないか！」

みれい　あはははは!!

植原　日本人はそういうことが苦手になるように育てられているんだよね。

みれい　はあ……。わたしも、以前このお話を聞いてから、ある時期毎朝、想像を超えるいいことが起こった時の自分の目、というのを鏡で見るというのを続けました。にたぁ〜って、すごくやりました。これは、すぐにできますもんね。

植原　「すぐにできる」っていう人もいるんだけどさ、何年かかっても、全然できませんっていう人もいるんだよ。

みれい　やるだけなのに？

植原　でしょう？　すばらしいことが起こったということを想像してその顔をする。**その目を鏡で自分で見る**、というだけのことなんだけれど、想像もできないのに、そんな顔はできませんんって。

みれい　あらー。

幸せ目かがみ

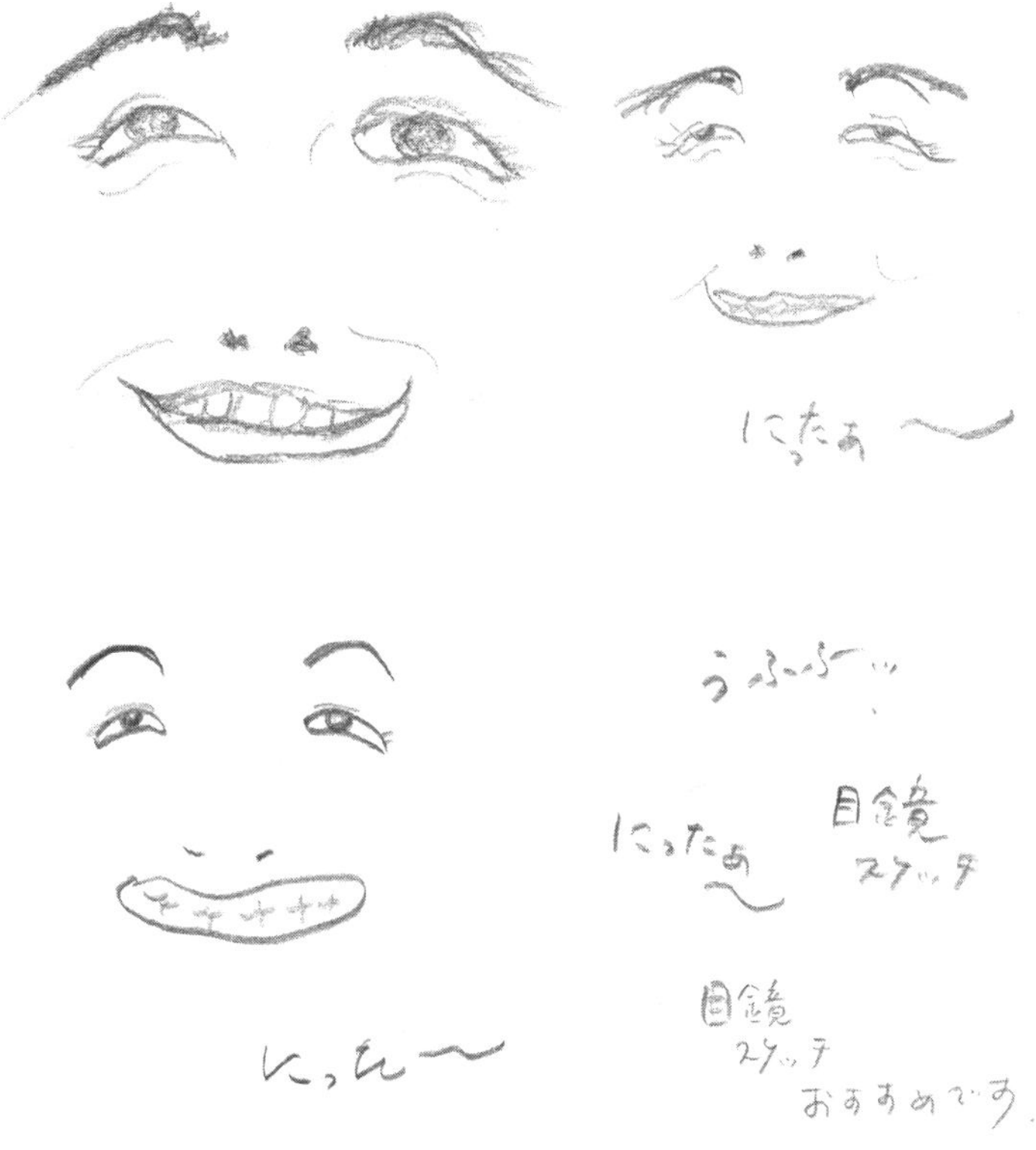

「目かがみ」している自分の目を描いてみました。目かがみスケッチ、
これもなかなかいいかもです!　描きながらまた笑えてきます（みれい）

植原　いや、だから、「すてきなことが起こってるッ！」「うふっ」っていえばいいんだよ!!　っていうんだけど。「うふっ」って。

みれい　あはは。先生かわいい！

植原　『うふっ』としかいえません。顔までできません」っていう人もいる。まあ、気長にやろうよ、といっていますが。

みれい　でも、そんなふうに「うふっ」っていいながら「ニコッ」ってして、ルン・ルを続けて、最初とはもう全然変わってしまったっていう方もいらっしゃるんじゃないですか？

植原　いますよ。もう、あんまり自分がかわいらしくてすばらしくて泣いちゃったっていう人もいました。その子は絵を描くのが得意だから、その顔を絵で描いてくれたの。そうしたらね、すばらしい「本当のバカ」の顔なんだよ。

みれい　あはははは！

植原　いや、本当だよ。もう究極のバカの顔で。ある歌舞伎役者さんがバカ殿やったときの顔と一緒だったの。漫画『天才バカボン』の語源は、「薄伽梵《ばかぼん*》」ですから。

つまり釈迦ということでしょう。

＊薄伽梵《ばかぼん》……釈迦の尊称のひとつ。聖なる者、賢者という意味のサンスクリット語「Bhagavat」

人という字は、支え合っていません。「ひとりの人」なんです

みれい　それにしても、こういう世界の状況になってきて、眠らされていたと気づいたり、目が覚めたりしている人が増えてきているんじゃないですか？

植原　増えてきています。だって、こういう時代だからこそ、世間をあてになんかできないじゃない？

みれい　はい。

植原　自分でやらなきゃダメだって。人に頼ったってうまくいくわけじゃない。そうわかってきてよかったですよね。

みれい　本当にそうですね。今までは、人に頼るように頼るようにと促されるような社会システムだった気がします。でもそれがきかなくなってきていて……。

植原　「先生、漢字で〝人〟って書くと、〝人〟ってこうやって支え合ってますよね」っていう人がいてさ、「じゃあ、その〝人〟っていう字の大元の字はどうなっているんだよ？調べてみろ」っていったんだよ。どうなっていると思う？

みれい　支え合っていると思っていました。

植原　違うんです。ひとりの人が立っているところを真横から見たのが大元なんだよ。

みれい　あら！　じゃあ、「人という字は人と人とが支え合って立っている」というのは、あとからつくったものということ？

植原　そうです。

みれい　頭を垂れていますね。人は、ひとりだと。そういうことにも、多くの人が気づきはじめている。そういう意味では、今ってむちゃくちゃいい時代ですよね？

植原　最高じゃない！

人という字。本当は人を横から見た形

みれい　人っていう字が、「支え合っている」ってみんなが思い込んでいる時代より、本当はひとりっていう字だったってわかっている時代のほうが、わたしは生きやすいって感じます。正直、ほっとするようなところもある。究極ひとりとわかる人が多くなるほうが本当の意味で助け合うということもできそうです。

お釈迦様の声が出た。もう、滂沱《ぼうだ》の涙、です

みれい　無明の解釈もそうですけれど、どうしても誤解される歴史がありますよね？仏教もキリスト教も。

植原　当然です。時の支配者の都合のいいように変えているんだもん。

みれい　わたし、この二十数年ぶりに休んでいた時、キリスト教の「エッセネ派」にまつわる文献を読んでいたんです。

植原　エッセネ派ね。

みれい　どうも、エッセネ派の人たちって、音の響きで、いろいろなことをしていたようなんです。ピラミッドも音で動かしてつくったという説も聞いたことがありますが……。

植原　そうですね。仏教だって、声、です。

みれい　お経ですね？

植原　そう。そして釈迦の声。

みれい　わあ。お釈迦様の声、想像したことがなかったです。

植原　とてもとても再現することはできませんが、一度だけ聞かせてもらったんです。ルン・ルやっている時に、俺が声を出しているはずなのに、もっとすばらしい声が聞こえてくるわけよ。「うわぁ！　誰だろう!?」って。これは釈迦しかありえないなって思いました。

俺もずっと聞こえていたんだけれど、その日の参加者の人にも聞こえてた。全員、滂沱の涙。「先生、今日のルン・ルはすばらしかった！」って。

あ、これは俺じゃないなと思いましたよ。俺があまりにも情けないんで、釈迦が見本を見せてくれたんだなと思ってさ。

みれい　ことばでいうと……一体、どんな声なんでしょう？

植原　ことばでなんかいえません。でも、聞けば、釈迦の声だってわかるよ。

俺もね、あんなすばらしい声ではなかったけれど、今から20年くらい前に、高松でルン・ルにあるお坊さんが来てくれて、「いい声を聞かせていただきました」っていわれたことがあるの。

ルン・ルが終わってから、その85歳か86歳くらいのお坊さんが、「僕も長い間この仕事をしているけれど、久しぶりにいい声を聞かせていただきました。ありがとうございます」って。「戦前は、こういう響きでお経をあげられる人が、2、3人はいたけど、戦後はもう聞いたことがない。もういないんだと思っていたら今日聞かせてもらって本当にありがたかった」と。

だから、俺もこういったの。「こんなわたしですけれど、今は必要としてくれている人がいるから。暇になったらあなたのところへ行きます」。そうしたら「あなたが暇になるわけがないだろう」っていわれました。

みれい　そうですか……。すごい話です。釈迦の頃から連綿と、響きというものが続いていたわけですね。

植原　京都東寺の読経の響き、あれはすごいよ！　ほかのところでは聞けない響きです。

みれい　大勢で唱えるんですね？

植原　そう。あそこは特別な行事をやっていた寺でね。確か「後七日御修法《ごしちにちみしほ》*」といって、1月8日から14日までの7日間、真言宗の主だった人たちが全員集まって、国の安泰を祈るんです。天皇を交えて行っていた頃は、どんなだっただろうなと思うよね。

仏様をお祀《まつ》りして、降臨させる。その式をするのはもともと天皇だったの。それはそれはすごかったと思う。

＊後七日御修法……1月1日〜7日を神事、8日〜14日を仏事で営むことから後七日御修法という。真言宗最高の儀式。御修法《みしほ》とは、重要な密教の加持祈禱《かじきとう》を指す。弘法大師空海が、唐の宮中で行っていた行事を持ち帰った。

いい声って出ちゃうものなんだ

みれい　読経のことを思えば、祝詞《のりと》も同じですね？

植原　音だものね。

みれい　植原先生は歌は歌われるんですか？

植原　歌うかっていわれると、今は歌いません。

みれい　以前は歌っておられたんですね。

植原　カラオケ大好きだもん。

みれい　先生、いい声だものね。何を歌われるんですか？

植原　石原裕次郎（&浅丘ルリ子）の「地獄花」。

みれい　出ました、また地獄！

植原　それと「粋な別れ」。

みれい　裕次郎ですね。いい声ですよね。今、ああいう方いないですねえ。
　でも、植原先生の本によれば、美空ひばりさんより、ひばりさんの先生がすごかった、と。

植原　川田晴久ね。今、川田晴久目指して、川田晴久になろうとしている大学生がいますよ。1000日間、川田晴久聴き通して。

みれい　昔はいい声の人がたくさんいた……。いい声ってどうやったら出せるんですか？

植原　出ちゃうんだよ。

みれい　出てしまうものなんだ、いい声って。

植原　そうだと思いますよ。

「続けろ、怠るな」。続けていることがすばらしい

みれい　声って、持って生まれたものもありますか?

植原　いや、やり続けるしかない。出るようになるまで続けるだけですよ。簡単じゃん。釈迦のいうように、**「続けよ、怠るな」。それしかない。**

みれい　「続けよ、怠るな」……。

植原　それしかないでしょう。釈迦の遺言です。「これができるようになったら、どんなにうれしいだろう」。その気持ちだけでやればいい。

みれい　わあ。

植原　それで、**できるようになったからすばらしいじゃないんです。それを続けていることがすばらしいんです。**

みれい　植原先生は、釈迦の遺言をずっと守っておられますね。

植原　だって釈迦の弟子だもの。弟子っていうのは、師匠のいったことを絶対に守るものなんだ。死んでも守る。

みれい　死んでも。

植原　ルン・ルの会にもいたのよ、わたしの弟子になりたいという人が。

自宅に電話がかかってきたんだけど、たまたま出たのは俺じゃなくて女房だったわけ。「あなた、植原の弟子になるっていうことがどういうことだかわかっているの？　あの植原のいうことをなんでも聞くということなのよ？　絶対に逆らえないのよ。それでもいいの？　その覚悟ができているの？　覚悟があるなら弟子になりなさい」っていった。その人、諦めましたね。２週間（悔しくて）泣き暮らしたらしいけど。

みれい　植原先生のおつれあいもすごいですね。

植原　でね、「俺なんかの弟子になるより、自分で編み出せ」といったら、本当に編み出したんです。

みれい　へぇ！　その人は今何をやっているんですか？

植原　行方不明。金持ち意識の人のところへ行っちゃって、そこからどこかへ行ってしまいました。ルン・ルでは、金持ちにはなれないからね。

みれい　先生に挑んでくる人とかもいたりしたんですか？

植原　ああ。立ち合いをしようといってきた人もいましたね。５分間で動いたほうが負け。その人が俺を怖がるようになったのはね、俺に技をかけたとき、ふつうの人は、「ああー」って（だんだんと）倒れていくんだけれど、俺はそのまま、何の防御もしないでずっとーんと床に倒れたから。「あ、やばい。こういう人もいるんだ」って、その人それから気をつけるようになったみたい。

「K１選手権に出れば？　超人気になるよ」っていったけど、あまりテレビ的ではないよね。一瞬で終わっちゃうんだもの。相手が強ければ強いほどいい。ひと撫《な》ですれば倒れる、という……。

みれい　へえ！

植原　ほかにもいましたよ。みんなでお茶飲んでいたらね、急に苦しみ出した人がいたんです。「おい、どうしたんだ？」っていったら、「植原先生の気がどれくらいあるのかを調べたくて、先生の気をどんどん抜いていったら、もうダメ、死んじゃいます」っていうんだよ！

みれい　なんですか、その話。先生の気を勝手に抜いてたって!?

植原　そうそう。でね、「いいよ、好きなだけ持っていきな」っていったの。「俺のエネルギーは溜まっているんじゃなくて、どんどん流れているものだから。出ていけば、またどんどんどんどんどんどんどんどんどんどん入ってくるから。俺は全然気にしないから、いいよ」って。

みれい　はあ……！

特別なことはしてもらわない。出されたものを食べます

みれい　その気というのはどんな場所にいても、どんな時でも流れていますか？

植原　はい。

みれい　わあ。わたしは、今、自然に近いところにいるから、ここみたいな都会にいる

と疲れてしまうこともあります。

植原　（環境の）いいところにいるから、なおさら悪いところはわかるんじゃない？　俺はいつも、こういう都会にいるからなんとも思わないの。逆にね、みんなが「自然だ」といっているところへ行くと、「何、この人工的なところは！」って思っちゃう。

昔、由布院の水源地へ行ったんです。それはすばらしいんです。ただ、周りの人は「自然っていいわねぇ」っていうんだけれど「馬鹿野郎！　これは人工だわ」って俺はいったんだよ。だって、その周りって杉林。人工の林だったんですよ。

みれい　あはは！

植原　本当の自然を知らないから、そういうことをいう。

みれい　先生には人工の林とかもすぐにわかってしまいますよね。いずれにしても、場所とかに影響されない。何をしていようが疲れないし、同じ植原先生であると。

植原　だってそれがなかったらさ、お金もらえないよ。どこぞの先生なんて「俺はもう自然志向だから自動車の免許は返した。いつも自転車に乗っている」っていうから、自転車を用意したんだって。そうしたらその人「タクシーを呼べ」っていったっていうんだよ。

みれい （笑）

植原 しかもね、ごはんの時間になったからごはんを出したら、「僕はビーガンだから、変えてくれ」って。いや、ビーガンなのはいいけど、ならば、最初から相手に伝えておかないと。わたしも最初の頃はいわれましたよ。「植原先生って、まだお肉食べてるの？　程度が低いわね」って。「わたしはとっくにお肉やめましたから」って。「ああ、そうですか。わたしは肉好きなんです」。釈迦だって肉食べていましたから。

みれい 食べ物も場所と一緒で、もう先生は「影響受けない」ってことなんじゃないですか？　他人の好みや思想はおいておいて……植原先生みたいな意識状態になったら、何からも影響を受けなくなるということですよね？

植原 そうですよ。何を食べてもいい。釈迦がそうだったんだもの。食べ物に文句はいわない。ただし釈迦は、「わたしの見ている前で料理をするな」といったんです。

みれい どういうことですか？

植原 「わたしのためにわざわざ用意されたと明らかにわかるものは食べない」と。

特別なことはしてもらいたくない、ふつうのものを出してくださいということです。

みれい　はー！　植原先生、本当に隅から隅まで、釈迦の弟子なんですね。食べ物のことまで。出されたものをただ食べる。ふつうのものを食べる。

植原　弟子ってそういうものですよ。

釈迦は本当は何をいいたかったのか？

みれい　先生が釈迦の弟子になろうって思ったのはいつ頃だったんですか？

植原　はっきり覚えていないね。

みれい　自分で弟子になった、と思ったのは？

植原　35歳かな。

みれい　その時は、もうルン・ルがはじまっていた？

植原　「ルン・ル」という塾をやっていました。自動車と両方やっていた頃。

みれい　中村元さんの本を読んだりして？

植原　もちろん読んではいたけれど、中村さんの本も堅すぎるじゃない。では、本当の釈迦って、どうだったんだろう？　って。あんなに堅いことばかりいっているわけじゃないだろう。じゃあ、俺が釈迦になってみようと。

みれい　釈迦になってみた!?

植原　はい。釈迦は、威張ったことは一切いっていないんです。本当の決まりなんてむずかしかいっていません。ただ、ああいうことをやりはじめれば、（教えが）広がっていくことがうれしい人たちもいっぱいいるわけだよね。「尊師よ、そろそろサンスクリット語でお話しなさったほうがよいのではないですか？」なんて。

そうすると釈迦はこういったんだ。「いや、わたしはサンスクリット語は使わない。みんなが使っていることばを使う」。あの頃のサンスクリット語（梵語）といったら、ヒンズー教の人たちのことばでね、エリートの人たちのことばだったんです。

それよりもね、釈迦は本当に何をいいたかったんだろう、何をみんなと話していたんだろう、どういうふうに伝えるんだろう……そう考えていくと、おもしろいことがわかったんです。仏教の弟子たちは、来るのも消えるのも自由だということがわかった。「尊師よ、わたしは7日間ほど家に帰ってきます。その間は出家をやめます」、「どうぞいってらっしゃい」。「ただいま帰りました。今から出家します」って。釈迦だってやっていたんだ、「ちょっと出かけてくる」って。こんなこと、誰もいわないけどね。

みれい　先生、釈迦の気持ちになってみて気づいたんですか？

植原　うん。仏教ってすごいよ。そういうことがだんだんわかってきたから、ルン・ルの会員さんたちの中から、パーリ語から直接日本語に訳したいという方々が何人も出てきていて。だから、今まで出てきていない釈迦の教えが出てくるかもしれません。

みれい　わあ、それは読みたいです。

植原　そんなのが出たら仏教界が……。

みれい　ひっくり返る？

植原　YouTube にあげられませんね。

みれい　逆に今までどうしてなかったんでしょうか？

植原　有名じゃないから。中村元先生が訳したようなスッタニパータとかっていうのは、ヨーロッパの人も知っているから売れるんです。でも、誰も知らない経典なんて売れないんですよ。そうそう、パーリ語の訳をやろうっていってくれている人、みんな女性なんだよ。

みれい　わあ、そうですか。

植原　女性はすごい。ブッダの弟子だって、女性はすごかったんだから。

みれい　えっ、勝手に男ばかりのイメージでした。

植原　ブッダの十大弟子って男ばかりじゃない？　でもその上に女性がいたんです。

みれい　ええっ!?

植原　釈迦の時代に、ギリシャからインドに調査隊が来て、女性の尼僧がどれだけすばらしかったかということを、ギリシャに報告しているんだよ。その尼僧はケイマさんというんだよ。オウム真理教のケイマは、真似したんだろうけどね。

ゆるんでいくと利用されなくなります

植原　ルン・ルもね、本が出た頃よく売れたから、国の機関が徹底的に調べたの。なんでこんなに売れるのかって。でも、調べても何もない。ひとつもない。かえって怪しい、となって。警察も宗教団体もいっぱい来ていました。何かに利用できるだろうって。

みれい　でも、先生は利用されない。

植原　使い道がわからないんですよ。何の役に立つかわからない。

みれい　そうか。自分のどの部分が伸びるかがわからないんですね。能力開発だけれど、役に立つ能力かどうかがわからないというわけですね。

植原　バリバリのビジネスマンが来たこともあったよ。そうしたら「先生、僕たち二人、会社を辞めました。あんないい加減な仕事をしている会社はいやです」。
　みんながうらやむ一流会社だよ。「僕たち、二人でまともな会社をつくります」「それはよかった」「よろしくお願いします」。

みれい　そういうことが起こるということですね。本質的にゆるんでいくと、誰かに利用されたりしなくなるんだ。そう考えると、ゆるむってすごいですね。利用されようがなくなる。

植原　釈迦だって利用されなかったじゃない？

みれい　はい。**ゆるんでいくと、誰からも利用されなくなる。最強ですね。**

植原　最強だよ。あのバカ殿は、バガボンドは、利用しようがない。そのくせなんでもわかっている。

みれい　むーーー。何か今、このことに気づき出す人がもっともっと増える気がしてきました。ゆるんだ人が増えたら、この世は楽園ですよね？

植原　はい。でも、そうじゃない人たちもいるから困るのよ。困っている人のほうが先なんだよ。社会体制が崩れてしまったらどうにもならない人たち。

みれい　でももう崩れつつありますよね……。

植原　だから、本当にほわん、と崩れていくといいんだよね。釈迦がいらした時代はそうだった。王様たちも釈迦の教えを守っていたから、武力や暴力ではなくて、国を守っていけたんです。その代表がアショーカ大王です。
　アレキサンダー大王のほうが有名だけれど、アショーカ大王のことをもっと人々に知ってもらいたいんだよね。アレキサンダー大王もすごかったけれど。あの人は神武天皇だったっていう話もあるんだよ

みれい　えっ。先生、またそれ別の本ができそうですよ。

植原　アレキサンダー大王の肖像画、見たことある？

みれい　ないです。

植原　見てみて。角が生えているのよ。

みれい　えっ！

植原　神武天皇もそうなのよ。同じ角が生えている。変な話になっちゃったね。

みれい　でもわたしも神話の時代に近い人たちに、角とか羽とか生えてる話、どこかで聞いたことがあります。からだも3メートルとか大きいんですよね。

「寝塾」では教えない。自分でやれば絶対忘れないんです

編集担当豊島　不思議な話といえば、ルン・ルが塾だった頃、子どもたちが先生の家が輝いているのを見たという話もありましたね。

植原　うん。それだけなんだけれど、でもそれを見て、子どもたちが「この塾に入れば、絶対大丈夫なんだ」っていっていた。ウチって四角い豆腐みたいな建物なんですよ。その上にぺ――――ッって光が取り巻いていたんですって。子どもたちが「すげーっ！」って。

みれい　先生は、それは知っているんですか？

植原　俺が自分で輝いていたのは、もっと前だからね。塾がはじまる前。金色に輝いたことがある。だから電気がいらなかったの。加速学園に通っている頃だったかな？

みれい　夜ですか？

植原　昼も夜も。だから女房がいやがってさ。「あんた、何する気？　新興宗教でもはじめるの？　やめてよ！」って。そういう時って、若い女の子が家までついてきちゃう。家に勝手に来て、泊まらせてくれって。「もう、いやだよ、わたしは」ということはあった。

みれい　自然に光りはじめちゃったんですか？

植原　光っちゃったのよ。「困ったなー」と思ってさ。

みれい　電気がいらない……(笑)。

植原　今でも暗くても平気だからね。女房が、「どうしてこんな真っ暗なところで仕事しているの!?」っていうからさ、「え？　暗くないよ」「暗いわよ！」って。

みれい　でもある日とうとう、家全体も光っていたと。その頃先生の塾へ行けた生徒さんたち、めちゃめちゃラッキーでしたね。今何歳くらいになられていますか？

植原　50歳くらいかな。

みれい　わたしくらいですね。うらやましい。

植原　だって寝ているだけの塾だよ。「寝塾」といわれていた。

みれい　でもテストは全部解けちゃう（笑）。

植原　でも、わかってできるわけじゃないんだよ。なんだか知らないけど解けちゃう。うちの娘がその典型なんだけれど、担任の先生が、「絶対に希望の大学へは行けません」って太鼓判押してくれたの。だから、「先生のいうことなんか真剣にとるな。学校の成績なんてどうでもいいんだ」っていったら、すごい大学受かっちゃってさ。そうしたら担任の先生、「やっぱり受かるよね。わたしそう思ってた」だって（笑）。

みれい　もちろん、娘さんもルン・ルを聴いて。

植原　俺、自分の子どもも生徒さんも区別しないから。先生、なんで同じ方向行くんだろうって思っていたらしい。うちの子だとは思っていなかったみたい。

みれい　いやあ、そう考えると学校の勉強って一体何なんですかね？　時間の無駄？

植原　時間の無駄だと思ったからやめたんです。

みれい　寝塾の生徒さんたちは、どうしているんですかね？

植原　会わないけど、変なことしてるみたい。教師やっている子もいるんだけど、授業しないとかさ（笑）。

みれい　あはは。引き継いでおられるんですね。

植原　掃除とか、下駄箱にきちんと靴並べるとかさ。勉強は教えないで、勝手にやってろって。生徒には評判いいけど、教育委員会は困るよね。

それでもちゃんと子どもたちって、自分たちでやっていくんだもん。「わからなかったら聞きに来い」っていっておけばいいんだから。

でも、わからないことってないの。俺のレベルでもわかるように説明してっていうと、おじさんに聞くくらいなら、**自分でやったほうが早いやって、そうなる。そうすれば絶対に忘れないんです。自分で「あーそっかー」ってわかると絶対に忘れない。**

みれい　本当の意味で「学ぶ」ってそういうことですよね？

植原　そうですよ。「学びて時に之《これ》を習ふ、亦《また》説《よろこ》ばしからずや*」。こんな楽しいことはないじゃない？　研究者があんなにたくさんいるのもそうでしょう？　教えてもらわないで自分で見つけ出すたのしさ。そのすばらしさがわかったら、もうやめられない。

教育っていうのは、そうやっていってほしいですよね。

＊『論語』の中でも有名な一説。『学而時習之』。子曰、「学而時習之、不亦説乎。有朋自遠方来、不亦楽乎。人不知而不慍、不亦君子乎。」子曰く、「学びて時に之《これ》を習ふ、亦《また》説《よろこ》ばしからずや。朋《とも》有り、遠方より来たる、亦楽しからずや。人知らずして慍《うら》みず、亦君子ならずや。」と。

column

わたしのルン・ル体験　その1

植原先生だけが「もっとやりなよ」といってくださいました。

植原先生が何の恩人かって、いい出したらキリがないのですが、やはり大きかったのは、仕事へのアドバイスでした。

２００8年に雑誌『マーマーマガジン』を創刊し、２０１1年にエムエム・ブックスという出版社を立ち上げて、この約14年間とにかく夢中でした。その間に本も執筆するようになり、同時並行でいくつもの仕事をしているというのがわたしの通常営業でした。

２０１5年、岐阜・美濃に会社ごと移転してからは、田んぼや畑や、日々の家仕事もはじまって、とにかく毎日ものすごく濃密かつ日々のことがすごいスピードで進んでいくわけです。

仕事の内容には決してモヤモヤすることはなかったのですが、楽しくて仕方がないかいらどうしてもオーバーワーク気味というか、周りの人は見ていて「休んだら」というアドバイスをしたくなる状況だったということでしょうか。しかも、植原先生みたいに、「人のいうことなんか、気にしない」と自分に集中できていたらよかったのですが、数年前のわたしはまだまだゆるんでいなくて、人のいうことだったり、常識みたいなことが気になっていたんです。


でも自分としては休みなんてものは基本必要ないし、なくても別に問題ないわけです。お百姓さんだって、毎週日曜日休み、なんてきっと決まっていないんじゃないかと思います。日々その時々で必要なことをやっているんだと思うんです。

よくよく考えたら、定期的な休みというものが必要だというのはきっと、やりたいことをやりたい時にやりたいようにやっていないからですよね。いちばん好きなことだけをやっているとき、もう、これはあそびだし、あそび以上の体験や時間になっているのかなと思います。

岐阜の美濃にあるうちの店の隣に、パン屋さんがあって、お惣菜が並んでいるんですね。そのお惣菜は、植原先生と同い歳くらいの女性がつくっています。

そのお店って、元日しか休まないんです。ほぼ年中無休。

その女性（おかあさんって呼んでいます）、むちゃくちゃ元気なんですが、聞けば「毎日働いているから元気なんだ」っていっていました。早朝からお昼までお弁当やお惣菜をつくって店に出す。毎日毎日です。昼からは、自由時間。畑へ行ったり、カラオケに行ったり、お茶を飲みに行ったりしているという。いずれにしても動いていない時がない。いつも出かけたり掃除したり花の世話をしていたりしている。もう、全部がその女性の仕事だし、あそびなのかなと感じます。

話を戻すと、数年前、仕事と休養のバランスでもやもやしていた時、唯一、植原先生だけが、仕事が大好きで、どんどんやりたい、もっとやりたい、ということを受け入れて、「どんどんやりなよ」っていってくださったんです。

ものすごくうれしかったです。忘れられないです。

人って、「常識で考えたらこうだよね」、とか「あなたのことを考えたらこうしたほうがいい」とかいわれても、深いところには響かないものなのかもしれないです。

とにかく、「思いっきりやりなよ」っていっていただいて、振り切れました。

それ以来、「どこかで休まないと」とか、「少しずつやろう」とかではなくて、もうやりたいだけどんどんやるスタイルにしたんです。止めずに。

そうしたら、会社をはじめて約10年めにして、編集者になって約25年経って、逆にはじめて、自然な形で2ヶ月休みをとることができたんです。いやあ、びっくりです。

しかも2021年はさらにたっぷり休んだおかげで、2022年は、これまでにないほどの濃密さで毎日を過ごしています。全体としてはゆったりとしていますが、質と量は、また以前より上がっています(もちろん自分比ですがネ)。

スピード感もすごいです。その上疲れない。長年続けているセルフケアの効果もあるのか更年期障がいもありません。読者のみなさんとものづくりをしたり、詩を朗読して発信するという声と音のあたらしい取り組みもはじめましたが、どの活動も、想像を超える喜びや驚きばかりが続いています。

自分という存在は、自分なんかではわからない、何かもっと未知なるものなんだな。何か、それを存分にたのしんだらいいんだという気持ちに、今、あらためてなっています。

この感覚は、本当に植原先生のアドバイスのままに仕事をやり切っていること、ルン・ルを聴いていることとまちがいなく関係があると感じます。

全身全霊でやるって、気持ちがいいんです。前も後ろも上も下も右も左もない感覚。いいわけも後悔もありません。

そうして、いつか自分も誰かに「どんどんやりなよ」っていえる、そんな大人になろうと思います。

植原先生、わたし、そんな大人になりますね。

第2部

わたしに
うれしいこと
が起こる。これが
願望なんです

第1部の対談後、約1ヶ月後にまた植原先生とお話することができました。

その間、仕事の中で、ルン・ルの人体実験のようなことをする機会がありました。からだの変化も含めて、植原先生にご報告するところからお届けします。

生ルン・ル後
側頭部がめちゃいい感じに!?

みれい　ルン・ルでどういう変化が起こるのか、変化した時はもう過去の自分ではないから変化がわかりづらいという話がありましたよね。あと、自分の中のどこが伸びるかも、人によってまったく違うし予測不可能だと。

わたしも自分自身では仕事が速くなったかもと漠然と感じたり、人から「すごい集中力だね」といわれたりするけれど、具体的に表現しようがなかった。

で、実験してきたんですよ、先生。今日はそのご報告からさせていただきたくて。

植原　たのしみです。

みれい　いくつかご報告があるんですが、まずは、前回生ルン・ルを受けた後のからだの変化なんです。生ルン・ルをして、先生と対談をして、家に帰ってからもいつもよりもずっとルン・ルを流しっぱなしにして聴き続けていたんですね。

植原　はい。

みれい　まず1週間くらいで、ものすごく、もう猛烈にお通じがあった日があったんです。数時間で7~8回行きました。もう、それはすごい量で……でも、おなかを下しているというわけでもなく、淡々と、すごい量が出るという体験をしたんです。

直接ルン・ルとどう関係があるかはわからないですけれど、あんなふうに大量に、というのは、何かあるなと。食べ物とかその他の要因を思いつかないから、ルン・ルと関係あるのでは？　と感じました。

植原　そうですか。

みれい　もうひとつは、やはり同じくらいの時期、つまり生ルン・ルを受けてから1週間くらいたった頃のことですが、1ヶ月に1回診ていただいている整体の先生の反応がすごかったんです。その先生がね、「みれいさん、頭がッ！」って興奮ぎみにいうんですよ。「どうなっちゃってるんですか？」って聞いたら、「**側頭部がめちゃめちゃいい感じです**」って。

植原　むふふ。

みれい　「こんなやわらかい頭、なかなかないですよ」って。側頭部をほめられたのって、経験ないなーと。頭がやわらかいです、といわれたこともはじめてのことで。「むちゃくちゃヤバい側頭葉になってます」って。どういうことか説明してほしいっていったんですけど、整体の先生も「ヤバいといったらヤバいとしかいいようがない」って。これは、ルン・ルと何か関係があるんじゃないかなと感じました。

植原　はい。

服のウェブ展示販売会でルン・ルをかけたら！

みれい　でも植原先生、すごい話はここからなんです。うち、ちいさな出版社をやっていてオンラインショップを続けているんですね。先日、そのオンラインショップで、10日間、期間限定である服のブランドの展示販売をしたんです。

スタッフは、わたしを入れて女性4人。メインは3人です。で、実験だ、と思って、準備の時から、仕事場でルン・ルをかけっぱなしにしたんですね。そうしたら、過去最高益だったんです。3日で700万円服を売りました。

植原　すごい！

みれい　10日間で1200万円以上は売ったんですが、驚いたのがミスもほぼなく、ものすごくスムーズで楽々そうなったことなんですよ。同じ展示もその前の期は、300万円くらいの売り上げだったんです。

いや、すごいんです。売り上げもですが何よりスタッフみんながむちゃむちゃたのしかった！　となったというのがすごくて。「展示の最初にみんなでどんな展示にする?」なんて話してて「返品ひとつもないといいね！」っていっていたら本当に、返品する服、ごくごく数点しかない状態になって。段ボール1箱にもならず。もちろんお客様にも喜ばれて。

植原　すごいねえ！

みれい　はい。明らかに、スタッフみんな「ルン・ルのおかげだ」となりまして。みんな「CD買います！」っていっています（笑）。ずっとかけっぱなしにしていて、みんな、その感覚を体感していたから。

その展示期間、わたし、家事もものすごくスピードが上がって、洗濯物を畳むのとかも異様に速くなってたんですけれど（笑）、とにかくこの展示は、少人数で行って、内容もよくて、結果数字にも表れて、あまりにたのしくて、みんな仲よくて。わかりやすいできごとだったなと思って、ご報告させていただきました。

「ゆるむ」って、たるむことじゃないんだよ

みれい　それで、もうひとつご報告したいのが、展示期間中の精神状態なんです。ことばにあえてするとしたら、「**ゆるんでいる**」のと「**緊張している**」のとのいちば

ん中間にいたという感じなんですよ。

植原　はい。そのことばがうれしいです。中間です。

みれい　そうなんですよ！

植原　ゆるむんでもないしね。

みれい　そうなんです。**「ゆるむ」って、みなさんが考えている「ゆるむ」じゃない。**

植原先生がいっている「ゆるむ」って、自分がピタッと中間にいる感じなんです。ピタッといっても、動きがないわけじゃなくて、中心軸が瞬間瞬間変わるみたいな中間で。気持ちが緊張しているわけじゃないんだけれど、だらけているわけでもない。ゆるみ切っているわけでもない。

植原　**たるんでいないんだよ。**

みれい　はい、決してたるんでいないです。で、そのスタッフの中に、ふだん割合ミスが多めのスタッフが2名いたんです。でもその二人も、すごく調子がいいわけです。「何これ？　一体何が起こっているの？」となった。もっとことばにするなら、**「ちょっとだけ機嫌がいい状態がずっと続く」**みたいな**感覚**です。

植原　それはいいじゃないですか。

みれい　こういう「ちょっぴりご機嫌で気分がいい」という状態が10日間ずっと続いて、服もどんどん売れて、どんどん発送できて、ひっきりなしに発送し続けて、1200万円以上売り上げた。とにかくずっとスタッフも機嫌がいいし、なんかたのしい、ウキウキする。そうして疲れない。決して残業とかもない。もちろんそのブランド自体もすばらしく自分たちも大好きな服だったということもありますが、とにかく軽く奇跡の中にいるみたいな体験でした。しかも、終わった翌日以降もみんなすごく元気で。

この感覚……中間のあの感じって一体何だったんだろう？　と思います。何が起こったんですか、先生？

植原　説明できません。それは体感した人にしかわからないんだもん。

みれい　でも、ルン・ルを聴いてゆるんだ人には、知らず知らずに起こっていることですよね？

植原　はい。起こっています。

みれい　本を読むのが速くなったり、仕事の集中力が上がったり。

植原　料理がおいしくなったり、バイオリンの音色が変わったりさ。

みれい　そうそう。速くなったとか売り上げが上がった、というだけじゃ、ことばが追いつかないんです。そうじゃなくて、こう、**取り組んでいることの質が上がる。きめ細やかになる**というか。お客様の喜びも大きかったと感じますし、スタッフみんなもいつにないたのしさを味わった。そして楽だった。スムーズでした。わたしたちが送った箱を開けると、わぁっ！　となった方がたくさんおられた。

植原　うれしいなあ。

みれい　服は、ネットショップにあげつつ、あとは、毎日インスタライブで動画でお伝えするということをしたんですけれど、インスタライブ中もルン・ルをかけていたのですね。そうしたら、インスタライブを見ていた方からも「バックでかかっている音何ですか？」っていう質問が続出して。ルン・ルの説明したら「今、ポチッとしました」って。服だけじゃなくて、ルン・ルのＣＤも売りました（笑）。

植原　ありがとうございます（笑）。

いのちの渦の中に入っていた!?

みれい　こういうことが、たくさんの方々に起こったら、たいへんなことになりますね。それにしても、この体験一体何なのか。先生がおっしゃる通り、体験するしかないといえばそれまでなんですが、ゾーン体験とも違いますしね。

植原　ゾーンではないでしょう。

みれい　ルン・ルで、先生、「いのちのエネルギーの渦の中で……」っておっしゃるけど、その渦の中に入ってるってことなのかなぁ。

植原　そうですけど……。

みれい　あっ！　入ってるんですね!?

植原　はい。渦の中心にね。**中心というのは渦巻いていないんだよ。**

みれい　止まっている？　その止まった状態に入ったわけですか？

植原　うん。**周りが動いているんだ、高速で。**

みれい　わかります！　わたしたち、猛烈に静かでしたから。

植原　でしょう?

みれい　発送所もすごくきれいで、穏やかで、静かで。

――（編集担当豊島）粛々と、という感じですか?

植原&みれい（同時に）でもない。

みれい　粛々という感じでもなくて、スムーズというだけでもなくて。

植原　す――――ってね。

みれい　そうです。す――――っと静かに流れているといったらいいか。

あ、あと、ルン・ル、時間帯で、聴こえ方が違うというのもスタッフみんながいっていたことです。先生の声が響く時、CDに入っている宇宙のサウンドがものすごく聴こえる瞬間、消える瞬間。もう毎日すごいんです。朝、昼、晩でも、日によっても違う。

これはわたしだけじゃなくてスタッフみんな感じていたことでしたね。「あれ？　今やたら植原先生の声大きく感じない?」「大きいよね！」とか。

植原　俺、自分で聴いたことがないからわからないなあ。

個性を存分に発揮できるとたのしくて尊敬し合える

みれい　とにかくその10日間は貴重な体験でした。今までも職場や家でかけていたけれど、みんなで10日間同じ場所で集中して仕事する中で、全員で体感できたから。

展示販売って、がんばりすぎてヘトヘトになることも多くて。機嫌が悪くなったり体調崩す人も出たり。そうなるとミスも出てきたりして、なんかごちゃごちゃするんです。

あと何より感動的だったのが、スタッフ4人がそれぞれの特性を完全に発揮できたという確かな手ごたえがあったことです。苦手なこと、やりたくないことはしないと決めてそれぞれの特性を尊敬し合いながらできました。

植原　本当に、それぞれ、でいいのよ。

みれい　そうなんですよね。それぞれのよさが出せたとしかいいようがないんです。

それがすごく感動的だったんですけれど……、それにしても渦の中心にいると、どうしてそういうことが起こるんでしょう？

植原　そうなっちゃうの。

「先生が答えをいってから質問している」!?

みれい　そうなっちゃう……。あと、先生、わたし個人に起こったことでいうと、現実で起こっていることがあるとして、それが次に本を開くと書いてあるということがすごく多発しています。

最近、ふと、オルダス・ハクスリーを読みはじめたんです。あるニューズレターにオルダス・ハクスリーの『島』のことが書いてあって。そうしたら、植原先生の本を最近読み直していたら、オルダス・ハクスリーが出てきて。

こういうことも本当に多いです。少し前におしゃべりしていた内容が、その数時間後に読んだ本に出てくるとか。こう、過去と未来が交錯しているみたいな体験をすることが多くなった。同時に起こるどころか逆じゃない？　という感じです。速い、遅いの世界じゃなくなってる。

植原　そういうことってあるといわれているけれどもね。俺がある男と話していると、ある人が「この二人の話って変よね」っていうんだよ。「先生が答えをいってから、相手の人が質問している」と。

みれい　おもしろい！

植原　ふふふ。

みれい　どうしてこういうことが起こるのか……。

植原　意識してそうなるわけじゃない。自然にそうなっちゃうんだよね。

みれい　時間が歪むんでしょうか。たとえば服の展示でいうと、その発送、洋服を畳んで、段ボールに入れて梱包して送るの二人でやったんです。ひとりはわたし。ものすごい数の発送量だったけれど、気づいたら終わっちゃったっていう感じ。

梱包している最中に、内容を間違っている段ボールも出てくるんですが、発送する前に自然に気づけるみたいなことも自然に起こりました。「何かこの段ボール、違和感ある」と思って、もう一度チェックするとやっぱりミスが見つかる。
逆にいうと、ふだん一体何しているのかな、と。がんばったり、努力したり。しかも時間的には遅れていったりしますよね？

植原　一生懸命やってね。

側頭葉にも目があって本当は見えている！

みれい　だから寝塾（ルン・ルがはじまった塾）の生徒さんたちも、こういう感じだったのかなって。学校で寝ていても黒板に書かれた板書を暗記していた、なんて、もっとすごいことが起こっていたんだと思いますが。

植原　それは、**側頭葉なんですよ。**

みれい　えっ!?　側頭葉ですか。側頭葉って何なんですか？

植原　なんだろうね？　よくわからないけれど。俺はこの側頭葉にも目があると思っているから。

みれい　ええっ!?

植原　俺は自分で体験しているからさ。だから、目を瞑《つむ》っていても見えるわけ。馬は、360度見えるじゃない？　だからそれと同じ。

みれい　ひゃあああああ!!

植原　耳もそうです。側頭葉にあるじゃない？　だから目で見たもの、耳で聞いたものって同時に自分に入ってくる。

みれい　ルン・ル中、植原先生がどこを見ているのかっていうのは気になっていました。会場で、植原先生と目が合っても、合っているような合っていないような感じで。どこか見ているところはあるんですか？

植原　自分じゃどこを見ているのか、記憶はないんだよね。

みれい　ルン・ル中は？

植原　ほとんど見ていないよ。

みれい　どこも？

植原　どこも見ていない。でも、全部見えている。「ルン・ル中、このぐらいの時に、こうだったよね」っていうと「えっ、なんでわかるんですか？」っていわれる。

みれい　側頭葉にある目がキャッチしている？

植原　そうそう。本当に見ている目はそこにあるのよ。寝ている時だって、24時間見ているから。

みれい　これはすごい話です……。

植原　耳だってそうでしょう？　寝ていてもちゃんと聞こえている。だから寝ていてもちゃんと授業を聞いていられるんだよ。寝ていても、（側頭部の）目は見ているんだから。板書しているのだって見えるからいいんだよ、寝ていたって。

ルン・ルは距離も時間も超えてしまう!?

みれい　もうひとつ、不思議な話をしてもいいですか？　今日、生ルン・ルに来る前、朝に、「どの服着ていこう」って部屋で並んでいる服を見ていたら、植原先生が部屋に現れたんですよ……いや、うまくいえないんだけれど、植原先生の気配があったというほうが三次元的には正しいのかもしれないんだけれど、わたしの感覚では、植原先生がさっと現れた感じで。で、こういったんです。「みれいさんの好きなの着なさい」って。はっきりと。

で、車に乗ってルン・ルの会場に向かっていったら、もう、ルン・ルがはじまっているみたいな感じになって。名古屋に到着して昼食食べたら、今度は、ドゥルンドゥルンに眠いんですよ。ということで、朝から、また場所は離れているのにルン・ルがはじまっているかのような体験をしました。

植原　よくそういう方、いらっしゃいますよ。「出かけようと思う時から（ルン・ルが）はじまってる」って。

みれい　それでね、やっぱり気持ちのほうもね、「うふっ」って感じなんですよ。うれしくてたまらなくてキャキャッというのも違う、淡くご機嫌な感じ。

植原　東京の女の子たちが、今、「うふっ」っていうんだよ。

みれい　あはははは。

植原　メールなんかも来るんだけど、最後に「うふっ」ってハートマークがついてる。

みれい　あはは。だから先生がいう、「願望が叶ってうれしい気持ちになって、目でにっこりする。それを鏡で見る」。あの「幸せ目かがみ」のような感じかな。あの感じがルン・ルのはじまる前から、何十キロ離れた場所からでもはじまる。そして持続する。

あの「うふっ」が続くと、仕事でもなんでもすごいことが発揮されるのか……。側頭葉に目があるって、どういうことなんでしょうか？

側頭葉の目から特別な情報だけ入ってきます

植原　どういうことなんだろうって、生物学的に調べてごらんなさいよ。ちゃんと調べたらわかるよ、目を瞑っていても見えるんだということが。

あきらかに、そういうことがあったんだよ。目を瞑って座っているのに、周りが全部見えている、動いているものもわかる、と体験したことがあってさ。

いわゆる目といわれている目は、前のほうを見て情報収集するためのもの。これは動物として必要だからそうなっただけなんだよ。視覚的な情報は、いわゆる目から入って脳で処理している。**側頭葉のほうの目では特別な情報だけ入ってくる。**側頭葉で見れば、ただ目で見ただけではない情報が入ってくる。

みれい　わたしの夫は、中学生の時バスケ部だったのですが、ほとんど視力がなかったのにすごく上手だったらしいんですよ……。

植原　俺もそうだよ。俺もバスケットやっていたんです。俺はボールだったけど（笑）。よくいわれたよ、「こんなチビなんか、部員じゃなくてボールだよ」って（笑）。

みれい　あはははは。つれあいは、ゴールが見えてなくてもゴールできたってよくいってます。視力なかったのにパスカットとか上手だったって。「次に、こいつにボールがいくな」ってわかってたって。

植原　バスケットなんか見ていてもさ、見ていなくても的確にパスしたり、ボールを渡したりできるじゃない？　側頭葉のことを知らなくてもちゃんとできている。

　昔の武道の達人たちもみんなそうじゃないですか？　柔道の遠藤純男さんって、山下泰裕さんに絶対勝てなかった。で、どうしても勝ちたい、そのためにはどうしたらいいんだろう？　って、目を閉じてどうやっているのかまず見るようにしたんだって。上からも下からも横からも。そうしたら本当に見えるようになっちゃったんだって。目を開けていなくても、大丈夫になっちゃったの。そうしたら山下さんが次に何をするか、わかるようになってしまった。それで初めて勝てた*、と。

＊1980年、全日本選抜体重別選手権大会において、遠藤が山下に「蟹挟」を仕掛け、山下が骨折。「痛み分け」という判定結果となる。さまざまな見解がある中、勝敗でいえば事実上、遠藤が勝ったといわれている。

側頭葉ならば、直接見える距離でなくても見える

みれい　目を閉じたら、見えるようになったってものすごくおもしろいです。

植原　うん。目を開けている時は、目で見ている。情報は、側頭葉で見るよりも強くはないからよくわからないの。閉じないとわからない。

みれい　側頭部のほうの目で見ている時に何が起こっているんですかね？　時空が変わっているんでしょうか。

植原　そういうこと、俺は考えたことないからな……。

みれい　ちょっと先のことがわかる、ではなくて、側頭葉の目だと、距離を超えて見え

るんですかね？

植原　はい、自由に見えます。

みれい　すごく遠くても？

植原　はい。

みれい　わたしの友人にもそういう人、います。ものすごく遠くのことがわかったり、見えたりするって。側頭葉を使っているのかもしれないですね。そういえば、植原先生も高崎から、東京の空に浮いている誰かのこと見ていませんでしたっけ？

植原　うん。

みれい　それも側頭葉で!?

植原　わからない。そういう意識はないけれど見えていた。その人、毎日さ、東京の下落合から太陽に向かって飛び上がっているのよ。

みれい　下落合……ずいぶん具体的ですね。

植原　河野《こうの》十全《じゆうぜん》さん*っていうじいさまがいてさ。気の本を書いた人。あの人は本物だからね。俺も飛んでいると、ピヤッって現れるんだよね。「よ！」って挨拶されて。

みれい　あの……「飛んでいると」って……先生、あまりにすごいことが関東地区の上空で繰り広げられすぎなんですけれど……。先生はこれ以外に、ものすごく遠くを見たことありますよね？　ぜひその話もうかがいたいです。

植原　関英男先生と宇宙の最大値、極大値ってどれくらいかなあって……。天文学者たちは、138億光年といっているけれども、本当はもう800億光年までわかっているんだよ。発表しないだけで。自分で広げていって、「ああ、これが宇宙の極大値か」と。じゃあ、「これは数字で表してみたらどれくらいになるだろう」と出してみたの。

そうしたら関英夫先生も「植原君、わかったよ。僕は計算でやってみたらこうなった」って。出してみたら同じ数字だった。「間違いないよ、これは！」って、喜んでくれてさ。

＊河野十全（こうのじゅうぜん）……1897〜1998年。実業界でさまざまな事業を手がけたのち、戦後は人間の研究に没頭し、1952年に人間研究所を開設、さらに真理生活研究所を設立。宇宙真理を追究。100歳の長寿をまっとうした。

＊関英男（せきひでお）……1905〜2001年。工学博士。電波工学の世界的権威として知られる。日本サイ科学会会長・名誉会長としてサイ科学・加速教育の研究・発展・啓蒙に努めた。電子通信情報学会名誉会員、IEEEフェロー。紫綬褒章、勲二等瑞宝章受章。植原紘治氏と立ち上げた加速学園代表。著書は70冊以上。

時空を超えてしまう体験？　えっ？　高崎の家が海だった⁉

みれい　はー！　ちなみにもう少し、距離が小さめの話もありますか（笑）？　家に帰る前に家の人の様子がわかる、とか。

植原　そんなこと思ったこともないよ。

みれい　あははは！

植原　でも、家に帰ろうと思っても帰れなかったことはあった。いつもの電車の駅を降りたのに……家にたどり着かない。

みれい　ええっ？　どういうことですか？

植原　いつもの道を行けば家があるよな、って思っているのに、違う景色になっちゃうんだよ。海が出てくるんだよ。あれ？　俺ん家に海なんかねえじゃんって。

みれい　えっ？　えっ？　高崎に海、ないですよね？　えっ!?　なんで？

植原　でも、3000年前にはあったのよ。

みれい　えええええええええええ？？？？？

植原　うちの目の前が波打ち際だったの。

みれい　3000年前に行っちゃったってことですか？

植原　なのかなあ。よくわからないんだよ。酔っ払ってもいないし、何なんだろうと思ってさ。そうしたらね、ほかの人もいっていたよ。「ある神社に行ってみて」っていったら、実際に行ってみたんですって。そうしたらね、すばらしい遺跡が並んでいるんだって。「うああ、やっぱり植原先生が教えてくれた神社はすばらしい！　すごいなあ」と思って、感動して帰ってきて、その後友だちを連れて同じ場所へ行ったら何もなかったって。

みれい　ひぇぇぇぇ！！！
植原　「あれ？　違うところに来たのかしら？」って思ったらしいけど、「違うよ、同じところだよ。昔は何もない場所だったんだよ」って。
みれい　でも、先生は、海からどうやって帰ったんですか？
植原　気づいたら帰ってた。ルン・ルの時だってあるよ。あるビルの◎号室へ行こうとするだろう？　行けないんだよ。おかしいよな、号数に間違いはないんだけど……でも行けないんだよ。始業式で、「お前、何年何組」っていわれて行こうと思って行くんだけれど、教室まで行き着かないとか。
みれい　先生！　やっぱり先生ってしょっちゅう時空移動していませんか？
植原　いや、行くはずなの。絶対にその教室であっているはずなのに、たどり着けない。
みれい　何か行かないほうがいい理由があるとかじゃなくて？
植原　ないない。ルン・ルしに行くんだし、家に帰るんだって女房に別に怒られたり、喧嘩して帰りたくないわけでもないし。ふつうに帰っているのに。
みれい　おもしろすぎです。時空を超えてしまう体験と側頭葉は関係があるのかどうか……。

植原　まだよくわかりません。そういう体験は数限りなくあるから。今から20年前くらいかな。北海道でルン・ルをしたんです。あれは小樽でした。それから礼文島に渡ろうとしたんです。礼文島へ渡るのに稚内からフェリーが出ていて、飛行機もあったんです。稚内へ行くには電車で時間がかかるから飛行機で行くことにしました。札幌市内にあった、小さな空港で……札幌丘珠《おかだま》空港から乗るわけ。で、外を見ていたら、「あれ？　これは絶対、イングランドだ！」って。

みれい　えっ!?　また、まさかイギリスの上空飛んでいたとかじゃないですよね、先生。

植原　いや、北海道の海岸線が、崖があって、イングランドに似ているということだったんだけれど。

みれい　あーびっくりした。似ているって話だった……。もう、先生だったらなんでも起こりそうなんだもの。

植原　あとね、劇場なんかへ行くでしょう？　そうすると「あれ？　この劇場知ってる！　こっちにはこれがあって、あっちにはあれがあって。だけどおかしいな、はじめて来たのに見たことあるな」って。こういうことはよくあります。

みれい　まだ、デジャブ（既視感）みたいなことはわかるかもしれません。ここ前にも来たことがある気がするっていうのは、わたしみたいな者でもあります。

ただ、家がないって（笑）。焦らないですか、先生は？

植原　焦らないよ。俺は焦るということがないからさ。

「わたしにうれしいことが起こる」これが願望なんです

みれい　植原先生、以前、「願望なんて持つものじゃない」っておっしゃっていた気がするんですが。

植原　「具体的な願望」のことね。だって、実現したって本当にうれしいかどうかわからないんですよ。

みれい　えっ？　それは3キロ痩《や》せるとかですか？

植原　違う違う。1億円ほしいとかです。「1億円ほしい」と思っていて、目の前に1億円積まれて、悲しみにくれてワーワー泣いている、なんてこともあるんだよ？「息子の死亡保険金だ」なんて。

みれい　ああ！　そんなふうに「叶って」しまう、現実化してしまうこともあるということですね？　でも、相変わらず願望成就とか引き寄せとか、人気ですよね。

たとえば、先ほどの服の展示販売会でいうと、売り上げ目標なんていうのももちろん好きじゃないからないですし、願望自体なかったけど「最終日に返品するものがほとんどない」というビジョンだけはありました。誰からともなく「そうなるといいね」って話になって。そうしたら日に日に、バックヤードのラックがガラガラになっていくんですよ。「何これ？」って。本当に商品なくなっていってる！　最初の日に見たビジョンになってる！　結果、最後返品したの、数枚だったんです。これはかなり興奮したというか、たのしいできごとでした。

でも、「叶った」という点では最初に思い描いたこととは違ってた。本当にうれしかったのは、「返品するものがない」ということだけではなかったんですよ。やっぱりいちばんうれしかったことは、一人一人の個性が思いっきり発揮されたことだったんですよね。

植原　それがうれしかったんでしょう？

みれい　そうなんです！　正直、それまでイマイチ自分を発揮できていなかったスタッフも含めて「こんないいところあった！」「すごいお役立ちができる！」って自他ともに認めるようなことがどんどん起こった。全員が全員を尊敬できたっていうのが今回の服の販売会で実感できたいちばんうれしいことでした。

植原　「**わたしにうれしいことが起こる**」。**これが願望なんです。**

みれい　ああ。

植原　儲けるんじゃなくて、儲かっちゃうんだよ。

みれい　儲けたいとかでもなくて、儲かっちゃう。確かに今回わたしが体験させていただいたことは、「**願望を叶える**」**なんてさーっと超えてしまって、もっともっとすさまじいスピード感だったんです。**

同時に、激しさみたいなものはなくて、終始穏やかだった。

植原　「狭き門から入れ」っていうことばがあるけれど、あれは嘘だと思うな。ルン・ルは、入るんじゃない、開いちゃう。

みれい　ああ!!

植原　門がパッカ―――ンと。

みれい　猛烈にわかります!!

植原　だから、開いたところから行けばいいんです。

みれい　スーッと。門が開くんですね。門が開いたんだと思うと自分たちの身に起こったことがよくわかります。

植原　**「叩け、さらば開かれん」じゃないんだよ。開いちゃうんです。**

みれい　どうして開くんでしょう?

植原　知らないよ。でも、**渦巻きの中心にいればいいんです。必要なことは、その渦巻きの中から勝手に出てくる。**

みれい　どんな時でも渦の中心にいるようにすればいいんですね。

植原　そうです。

みれい　でも渦の中心を外れて、激しい渦のほうへ行ってしまったら……。

植原　大変なことになります。でも、台風の目の中にいれば……、いいんです。

楽は苦なり。苦しいは、たのしい

みれい　では、人生に岐路があって、楽な道とつらい道があったら？

植原　俺は、つらい道、暗い道のほうへ行くよ。そっちのほうがおもしろいもん。

みれい　おもしろいから。「あえてつらい思いをしなさい」という意味ではなくて。

植原　暗い道のほうへ行ってごらん。行ったことがない人が「つらい思いをしなさい」みたいなバカなことをいうんです。暗い道へ行ってみるんです。

俺は天国なんか行きたくない。地獄がいい。地獄はおもしろい。天国はのんびりしていて、なかよしで……いやじゃない？　地獄は刺激があるじゃない？　「刺激がない」くらいいやなストレスはないですよ。

みれい　そうですけど……。

植原　今から20年前くらいにある牧場のオーナーが会員さんで。その牧場でルン・ルしたんですよ。本当にそこは何もないの。牧場があるだけ。そのオーナーがね、「若い頃はいやでした」って。コンビニがないのが一番いやだったっていってたよ。

みれい　「つらいほうを選びなさい」っていう、道徳的な話ではなく。

植原　地獄へ行っていた、俺の実体験ですから。

みれい　お釈迦様も「苦」がたのしかったんですものね。

植原　そう。楽は苦なり、なのよ。

みれい　でも、服を売った時、楽でした。苦しくなかったです。

植原　でしょう？　でもそれは望んだことじゃないんだもん。

みれい　確かに。

植原　「こうすれば楽になる」と思ってやったわけじゃないだろう？

みれい　はい。思っていないです。ただ目の前のことをひたすら全力で全身全霊やれるだけやった。

植原　やっていたら楽にできた、楽になっちゃった。いいんだ、それで。

孔子の正体を知っていますか？

みれい　服を売った時、はじめてのことだったから受注から発送までシミュレーションしたんですよ。それも最高にたのしかったんです。みんなでゲラゲラ笑って、笑いが止まらなくなって。予行練習した内容は、本番で大して役に立たなかったですけど、でも、そのたのしさのほうはとにかく持続しました。しかも楽に、です。

先生、楽って一体何なんですかね？

植原　楽ってどういう意味だから知ってる？　漢字で書くと……。

みれい　白という字に、4つチョンチョンチョンチョンって書いて木。

植原　白でしょう？　周りにあるのは糸。木の上に糸に吊るした白いものがある……。首。敵の首なんです。「これ見て！　あははははは」って。

みれい　えっ！　敵の首ですか？

植原　こんなにたのしいことないじゃない？　こっちは勝ったということですよ。

みれい　そうか、勝ち負けで勝って「たのしい」なんですね。

植原　漢字っていうのはおそろしい。昔の人っていのちをかけているんですよ。そのいのちが助かったんだから、こんなにたのしいことはないよね？

みれい　今、楽したい、とか、たのしい、とか、たくさんの人が求めていますよね？「楽」と「たのしい」は違うんでしょうか？

植原　違います。「学びて時に之《これ》を習ふ、亦《また》説《よろこ》ばしからずや」。一体、何を習って、たのしからずやなのか（よろこばしからずやなのか）。孔子は何をしていたのか？　孔子の正体は一体何なのか？　ということなんです。

みれい　孔子の正体。今でいうと思想家みたいなことですか？

植原　孔子が教えていたのは何ですか？　釈迦は仏教。孔子は？

みれい　儒教。

植原　「儒」ってなんて書いてある？

みれい　雨が降っています。

植原　雨があって、机がある。何をしている？　……雨乞いですよ。

みれい　わかりました！　呪術をしていたんですね！

植原　そう。孔子はそのトップの人だったんです。孔子のおかあさんがそういう人だったんですが、儒教は、雨乞いを教えていたんですよ。それを（仏教と）融合させたのが空海だから。

みれい　孔子が呪術、巫女《みこ》的な仕事をしていたとして、「学びてこれを習う、またよろこばしからずや」といったわけですね？

植原　雨乞いができるようになるまで、いろいろ勉強するわけよ。たとえばトップの人っていうのは、琴が弾けないとダメなの。日本もそうでしょう？　神功《じんぐう》皇后と仲哀《ちゅうあい》天皇と武内宿禰《たけうちのすくね》も琴を弾いていた。熊襲《くまそ》国征伐の時にね。

みれい　審神者《さにわ》*には琴の音が必要だった。琴の音が神懸《がか》りと関係していたわけですね。

＊審神者……祭祀において神託を受け取る者。のちに祭祀の際に琴を弾く者。元は、神託を授かるため

に清めた場所（清庭《さやには》）を指したという説も。

植原　孔子もお師匠さんについて琴を弾いていたんです。一生懸命練習していたんですよね。「学びてこれを習う」です。ある時、お師匠さんがびっくりするようなことが起こったんですよ。孔子の姿がみるみる変わっていった。今までの孔子じゃなくて神になっていった。その曲をつくった周文王という古代の王様の姿になっていたわけ。

琴を弾き終わって、お師匠さんが座ってさ、こういったんだよ。「やっといらっしゃいましたね」って。「そうですね、今わかりました。この曲をつくってくださった文王が。すべてわかりました」と。それがたのしい、といっているんです。

みれい　はぁぁぁぁ！　それはたのしいです。意味がわかりました。神懸りになって、曲を弾いてそのつくった作者が自分に降りてきて、その曲が丸ごとわかる。

こんな体験、むちゃんこたのしいに決まっていますよね。これはすさまじいたのしさですよ。この「学ぶ」ってすごいことを指しているんだ。

植原　「たのしからずや」のたのしさっていうのは、無上のうれしさなんです。昔の聖君といわれた人たちとつながるというのは、無上のうれしさでしょう。

みれい　しかも琴を弾いて神懸りになることもだけれど、それを習う過程も最高にたのしかったでしょうね！

植原　でしょう？

みれい　想像するだけでたのしいです。儒教がそういうルーツだって、全然知らなかったです。

植原　なんで学校で教えてくれないんだろうね？

みれい　本当ですね。儒教ってもっと真面目なイメージです。

植原　それは「論語読みの論語知らず」っていうの。孔子の直系の子孫の方とお会いした時に、「日本人は全然論語をわかっていませんよ」っていってました。

田んぼでの体験でも渦の真ん中体験あります

みれい　話を少し戻すと、渦の真ん中体験と、雨乞いの学びがよろこばしからずやってというのって、感動のポイントが似ている気がします。

わたしたちの服を売った時の体験も、いわゆる「仕事」みたいな枠を超えたたのしさがあって、勉強的な「学び」ではなくてもっと滋味深い学びみたいなものもあって、それをたのしいと感じたという気がするんです。

植原　そうでしょう？

みれい　わたしは、2015年に東京から岐阜の山間の小さな町に小さな出版社ごと引っ越して、田んぼや畑をやりながら暮らしているんですね。自給自足しているというレベルには至らないような形ですけれど、それでも毎年田んぼの作業は何人かその時来られる人が集まってやるわけです。その時も同じような感覚になるんです。淡くご機嫌な感じというか。

田植えするとか稲刈りするとかって、わたしたち「労働」としてやっていないから、どこか真剣なあそびみたいな感じなんです。誰かが誰かに指示を出すなんてこともない。役割があてがわれるということもない。てきとうな時間に集まって、その時その人がやろうと思った作業を見よう見まねでマイペースでやる。

不思議なんですけれど、力持ちだろうが、力がない人だろうが、何かしら仕事があるんです。役割が自然に生まれる。そうして作業したい人はもくもくとやるし、そうでもない人はお茶飲みながら畦でおしゃべりに花を咲かせたりもしている。でも全体がものすごく調和している。そこには、誰かが誰かを咎《とが》めたりとかもないし、「すみません」みたいなこともない。その状態って、なんか楽だし、たのしいんです。太古の大昔はこういう感じで生きていたのかなあ、と。

植原　そうだったんでしょう。

みれい　年貢を納めるとかがなかった場で自分たちが食べるぶんを育てたり、採取したりするという場というのは、まだ、渦の中心みたいな感覚のことが起こっていたんじゃないかなと感じます。

植原　釈迦も「人間が欲を出す前は何の不都合もなかった」といっています。病気もなかったし、諍《いさか》いもなかったって。

みれい　うちの田んぼって収穫を目的にしているわけじゃない。誰も欲みたいなものを持ってやっていないからたのしいのかもです。欲がない状態と、渦の真ん中にいるという状態って似ているんですね。

植原　似ているんです。「欲望の渦」っていうじゃないですか。

みれい　本当だ（笑）。

大きい願望はいいよね。限度のある願望なんておもしろくないじゃない？

みれい　渦って「欲望の象徴」なんでしょうか！　そもそも欲って一体なんですか？

植原　実は、**人間をよくするもとです。**

みれい　そうか。欲がないとよくもならないんですね。

植原　釈迦もすさまじい欲があった。あれもこれもじゃなくて、たったひとつだけのことに対して集中して、その欲を叶えようと思ったから。ほかのことは全部頓着せずに。

みれい　釈迦が集中して叶えようとした欲とは何だったんですか？

植原　**「欲を手放すためにはどうすればいいのか」という欲です。**欲の生まれ出てくる源、どこから生まれてくるのか、それを見極めたかった。それを見極めたから、釈迦はああなれた。**すべての欲を手放すことができたのです。**

みれい　だから、植原先生もおっしゃるんですね。**大きい願望はいい、**と。

植原　だって、**限度のある願望なんておもしろくないじゃない？**

みれい　１０００万円とか1億円とかじゃなくて、10億円とか１００億円がほしいという願望ならいいわけですね。「最低でも日本一」とか。でも、みんな「限度ある願望」しか思いつかなくないですか？　自分も含めてですけれど。

植原　だってそういうふうに教育されているんだもの。我欲をはるな。人のために行えって。そんなてめえ（自分）のことさえもできないのに、人のことなんかできるわけないじゃねえか！

みれい　（胸の前でパタパタと拍手）本当にそうです!!

植原　そういうわけで、「お金持ちになりたい」「お金を稼ぎたい」となるわけだけど、だったらどれくらい稼ぎたいんだよ？　って。「スティーブ・ジョブズくらい」。「何いってんだ、あんなちゃちでいいのかよ！」と。

みれい　（笑）。もっともっと大きい願望を描くんですね。

植原　そうして「なんだかわからないけれども自分にとって、とってもうれしいことが起こった」とする。そのうれしさってどうやって表現するんだろうって、鏡でその目を見るんだ。「俺に、わたしに、こんなにすてきなことが起こった！」「ありがとうございますぅ」って（最高ににたぁ〜とした目をしながら）。

みれい　あははははは!!

植原　これでいいんだ。これがしあわせな生き方なんだよ。

みれい　本当にそのうれしい感情になるかどうか、ですね。

植原　塾をやっていた時もそうだったよ。「受かったらどんなにうれしいだろう」と想像する。「どこでもいい、**受かったところがいちばんいいところなんだから**」っていっていた。（どんなところでも）**受かったら「ありがとう」っていえばいいんだよね**って。

そうしたら生徒さんたち、「先生！　同じことが起こった！」っていってきたよ。

「受かったらどんなにうれしいだろうなと想像していたけど、本当に同じことが起こった！」って。合格通知が届いて、同じことが起こって、わぁわぁ泣いちゃったって。

みれい　確かに、今回の展示会でも、返品がないところはみんなで想像して「うふふ」「にったぁ～」ってなっていました。「全部バックヤードが空になったらすてきだなあ」って。そうしたら、本当にその通りになったから、「にたぁ」というのが止まらない感じです。「うふふ」が止まらない。

先生は昔から願望が大きかったんですか？

植原　もう、とにかく親から見たら、誇大妄想を超えた……親の想像力が及ばないくらいの願望だったようです。ほかの人にはよくわからなかったみたい。

みれい　その時、親に「紘治、何いってるの？」みたいなことをいわれたりしましたか？

植原　ずっといわれていました。死ぬまでいっていました。「おまえのことが心配で心配で死ねないんだよ」って。「だろう？　俺はすごい親孝行なんだよ。長生きしたろう？」っていってましたが（笑）。

みれい　そこがすごいです（笑）。たいていの場合は、「ああ、おかあさんを悲しませちゃった」とか、「おとうさんのいうこと聞いてあげないと悪いかな」とか思いそうです。場合によっては「自分なんて」みたいな自己卑下の方向へいってしまったりしそうです。

6歳の時に親を見限りました

植原　親を見限っていたからね。あんな親にはなりたくないって。だって、生まれて何ヶ月もたたないような乳飲み子に、鯉こくを食わせるような母親、いますか？　もう、あれで俺は見限っていたよ。「もうダメだ。この親のいうこと聞いていたら死んでしまうわ」って。

みれい　それは何歳くらいの時なんですか？

植原　2歳くらい。5歳の時には親父が（戦地から）復員してきて、その前だから。親父は帰ってきたら専売公社に勤めていたんだけれど、仕事場が近くてあそびに行ったりしていたのよ。そうするとまた、ますますいやになるわけ。

みれい　仕事をする父親を見て？

植原　うん。親父はハンコ押す係だから。座っていてさ、書類が来るだろう、そうして、これだよ（……書類を整理して、ハンコを押そうとして、やめてじっと考えて、慇懃《いんぎん》無礼にハンコを押す様子を実演中……）。「何をやってるんだ、こいつは？　バカじゃないか」と。

みれい　でもハンコ押しているってことは、きっと管理職でお偉かったんですよね？

植原　うん。でも、「バカじゃないの？　さっさと押せばいいのに。何もすることないんだから」って思っていましたね。それを見て、こんな仕事、俺は絶対しない。勤め人は絶対にいやだと。

みれい　それは5歳以降……何歳の頃のことですか？

植原　6歳くらいかな。

みれい　えっ、6歳でご両親を見限った。これは植原先生を語る上でとても重要なポイントだと感じます。というのも、今、親との関係がうまくいっていない、もやもやしたままという人が本当に多いですよね？

植原　そうでしょう。だって、昔から「母は首に巻きつく蛇」といわれているんだよ。

みれい　ヒョエー。

植原　昔はわかっていたんですよ。

みれい　反発して蛇から脱出できた人はいいけれど、いつまでも優等生の人は一見わからないんだけどもやもやとした生きづらさをかかえているような気がします。それも蛇に絡みつかれているということなのか……。

植原　それが困るのよ。

みれい　いつまでたっても親離れできない人もいっぱいいます。実家から出ない人もとても多い。無意識状態で首に母親が巻きついたままになっていて、苦しんでいる人が多い気がしますね。でも、植原先生もおかあさんのこと大好き、という側面ももちろんありますよね？

植原　それは、自分を産んでくれたんだから当たり前ですよね。この話ね、誰にもいっていないと思うけどね、母親がね、「紘治、お前を産んだ時、とっても気持ちよかったんだよ。あんなに気持ちよかったことはない」っていったの。

みれい　へえええええ！！！

植原　だから退院してきたらすぐにお父ちゃんに「抱いて」っていったんだって。「子どもを産むことがこんなに気持ちがいいことだとは思わなかった」と。

みれい　わあ！　すごいエピソード。

植原　こんな母親いないでしょう？

みれい　出産って苦しくて痛いものかと思っていました。気持ちいいものなんですね！

植原　そうよ。

みれい　すでにそこから歪められて伝えられていますね。

植原　そういうふうに刷り込まれているの。もちろん、苦しくて痛いお産もあるだろうけどさ。何せ、何も知らないお袋だったからね。結婚して、ごはんつくろう、となった時、お米を研がずに水も入れずにそのまま炊いてしまったり。味噌汁つくる時もワカメを切らずに入れて、長いままだったり。

母親は家のことなんかしたことのない人でした

みれい　おかあさまは、高崎の方ですか？

植原　岐阜の御嵩町《みたけちょう》。

みれい　あら！　奇遇ですねえ。わたしも岐阜出身です。

植原　岐阜にはすごい子がいっぱいいるよ。ルン・ルの会にも、本当に侍じゃないかと思うほどすごい子がいる。岐阜の御嵩弁丸出しなんだよ。だからしゃべってることがよくわからないんだ。俺はかろうじてわかるから、標準語に翻訳してやっていたの。そうしたら、その子は御嵩町の方言が標準語（日本語）だと思っていたんだよ！

みれい　ああ……。それ岐阜あるあるです。わたしも東京から岐阜へ引っ越してからわかったんですが、岐阜弁を標準語だと思っている人、わたしの周りにもかなりいます。疑いがないんです（笑）。

最近、そういう、近代の意識みたいなのに目覚めていないのを見て、かえって縄文的な何かを感じたりしているほどですが……。

おかあさまはおとうさまとどうやってお知り合いになったんでしょうか？

植原　父の専売公社の上司に、今でいう支店長さんみたいなじいさまがいたんですよ。そのじいさまが、父を見込んで、娘を紹介した。

そのじいさまという人が、ものすごくビジネスの才があってさ。俺がちいさい時は岐阜じゃなくて、金沢にいたんだけれど、家の中に入ると階段があって……朱塗りの擬宝《ぎぼ》珠《し》がついた階段があるんだよ。すごいだろう、ふつうの家なのに。タンスも立派なのがあって、何が入っているんだろうと思って、渾身の力で引っ張ったらお札がぎっしり。「うわぁ」と思って、1枚もらっちゃったけどね（笑）。

みれい　つまり植原先生のおかあさまはすごいお嬢さまでいらしたわけですね。

植原　そうなのよ。

みれい　だからお米の研ぎ方も、ワカメの切り方だって知らなかったんだ。そりゃ、鯉こくが出てくるわけだ（笑）。

植原　そうそう、家のこと何もしたことがなかったわけだからね。

――先生もルン・ルの道に入らなければ、官僚になっていたと聞きましたが。

植原　そうそう。親たちはその可能性があるくらいには思っていたと思うよ。それくらいのことはできていたんじゃないかな。

みれい　それでは先生がホームレスをして、行方不明で、新聞広告のったりって、大騒ぎだったでしょうね！

植原　広告にはしょっちゅう出ていましたよ。

みれい　「紘治、帰れ」（笑）。でもお釈迦様もお金持ちの息子、王子様でしたよね？

植原　釈迦は自分の子どもが生まれた日に、家を出ていってしまいました。

釈迦を乗せて出ていった馬はカンタカっていうんだけど、馬だけが屋敷に戻ってきて、釈迦のおくさんがカンタカをガンガン蹴飛ばしたっていう話があって。「なんで、アンタは（釈迦を）乗せちゃうのよ」。カンタカが「すみません」って謝ったの。

みれい　植原先生のおかあさまもユニークでしたね。

植原　母親は、ものすごく怠け者で、学校時代も体育を一度もしたことがなかったの。お金持ちだったから、オルガンとか習っているわけ。オルガン、みんなの行進に合わせて弾くから、「わたしは（体育の授業出なくて）いいわよね」って。女学校でそれでずっと通した。

みれい　息子さん（植原先生）と似ていますね。

植原　だろう？

みれい　「中途半端な願望を持つな」っていうのは、その血筋も関係ありそうです。おかあさんの血筋でしょうか？

植原　いや、じじいがまた変なんだよ。俺と一緒に河原なんかへ行くじゃない？「紘治、ちょっと横になろうぜ」っていうの。「目を閉じて手を伸ばせ。ほら、石があるだろう？　握ってみろ。目を開けろ。ダイヤモンドだ」って。「違うじゃん」って。ひどいもんさ。「石だなんて思わなくたっていい。ダイヤモンドだと。ひょっとしたらそうかもしれない」って。「ああそうか」と思ったよ。

みれい　それは何歳くらいのこと？

植原　高崎に来ていたから7歳は超えていた。そうしたら、本当に手の中に石が入ってきたんだよ。

みれい　えっ？　石が？

植原　東京に近い神奈川県の伊勢原っていうところに比々多《ひびた》神社っていう日本でいちばん古い神社があるんだけど、縄文の遺跡があるんだよ。そこは囲いがしてあるんだけれど、俺が行った時ちょうど鍵が開いていて入れたの。中を見渡して「これが、キーストーンだ」と思って、ふぁっと触ったの。キーストーンって、丸くなっているんだけどさ。そうしたら何もないところに石がポーンと出てきたの。「石、あ、これ、神様の贈り物だ」と思ってもらって帰ったわけ。そうしたらそれを見た娘が、「この石、中で火が燃えているよ」っていうの。「それ絶対、神様の石だよ」って。

みれい　おじいさんも植原先生も娘さんまでなんだかすごいです。

植原　「この石ともずいぶん長く一緒にいたなあ、そろそろいいかな」と思っていたら、ふっといなくなっちゃった。比々多神社、すごいから行ってみてください。そのすぐ北には、大山阿夫利《おおやまあふり》神社があります。

日本でひとつ、オンリーワンに。誰もが日本一を目指せばいい

みれい　先生のお話をうかがっていたら、自分たちのオンラインショップ、日本一の発送をしているかもと思いました。たまたま数年かけて会社を小さくしていったのですが、2020年春以降（社会の動きとは関係なく）、オンラインショップも自分たちの手で行うことになって、2021年から夫が発送担当になったんです。その時、スピードではもうかなわない。その代わり、質を上げようということにあらためてなった。ゆっくり送らせてもらうけれど、開けた時の感動が大きい発送をしようという方向へと舵を切ったんですね。そうしたら本当に、箱を開けるだけで泣き出す人が出てきてしまったんです、感動で。

植原　AIじゃないんだもんね。

みれい　はい。「箱を開けた時にハートチャクラも開いたようです」とか、お買い物していただいているのにお礼のお手紙とかプレゼントとかがどんどん届くようになって。だから、本当に自分に合うこと、自分にしかできないことをすればいいんですよね？　日本一の感動の発送をする、日本一のおいしい紅茶を淹《い》れる、日本一の掃除をする。誰もが日本一を目指せばいい。

植原　そうですよ。競争しなくていいんだもん。全員一番なんです。

みれい　全員日本一だったらいい。

植原　競争して1番じゃない。日本で1個なんだもんね。

みれい　オンリーワンってことですもんね。

植原　だから競争する必要もなければ、何もする必要がない。

みれい　でも、つい、制限のある願望を持ってしまいますよね。

植原　ほら、「欲張っちゃいけない」って教育されているから。そればかりいわれるんですよ。

みれい　「みんなと同じがいい」とか。「親のいうこと聞きなさい」とか。

植原　うちの娘は名言をいったよ。小学校に入る時、学用品揃《そろ》えるじゃない？　娘と買いに行ったら「みんなと一緒はいや！」って。そうしたらお店の人が「みんなと違うといじめられるよ？」っていうから「何いってるんだ」と思ってたら、娘が、「平気だよ、わたしは」と（笑）。

みれい　さすがです（笑）。

植原　じゃあ、おまえの好きなものを買おうと。

みれい　いいお話。だって、みんな、誰もが違うんですものね。

植原　おじいさんは、ナイロン製品を日本で最初に扱いはじめた人なんです。勤めをしながら。毎晩毎晩酔っ払って、芸者さんを何人も連れて帰ってくる。いいなあ、じじいはって思ってたよ。

それに比べて親父は何なんだよって。毎晩酔っ払って帰ってくるけど、泣きながら帰ってくるの。愚痴《ぐち》をいいながらさ。親父は田舎でも飛び抜けて頭がよかったんだけど、貧乏だったから大学に行けなかったのよ。役人なんか東大でも出てなきゃどうにもならないじゃない？　自分より若い東大出が課長とかで来て、愚痴をいわれるわけよ。辞めりゃいいのにね。

みれい　おもしろいなあ。いろいろな大人が周りにいて、反面教師っていうけど、こういう話をうかがっているとどの出会いも必然なんですね。

植原　こうやって話していると、どんどん思い出してきちゃうなあ。

みれい　お！　何かまだありますか？

植原先生は、処女受胎で生まれた!?

植原　俺の父親はあの父親じゃないんだよ。

みれい　へっ？

植原　……って母親が告白したことがあった。「おまえのお父さんはあの人じゃないんだよ」って。「わたしがね、台所に立っていたら雷が突然落ちたんだ。裏の木にダーンと落っこちて。火の玉がガラガラガラガラッとやってきて、それがおなかの中に入った。

それがあんたのお父さんなのよ」。

みれい　えぇぇぇぇぇ！？！

――まさしく摩耶夫人《まやぶにん》です。お釈迦様のお話と同じじゃないですか！

植原　本当にヘンなババアだったんだよ。寝たきりになってるのに絶対ボケない。文句ばっかり、恨み言ばっかり。「わたしはね、恨みで生きているのよ」。

みれい　それにしてもおもしろいおかあさん。産んで気持ちよかったっていうのもすっごくいい話ですよね。

植原　俺はぜひ若い人たちに聞かせてあげたいね。

みれい　自己肯定感にも繋がりそうです。あと気持ちいいといえば、「死ぬ時ものすごく気持ちいい」って聞いたことがあるんですが。

植原　そうだよ。

みれい　わたしがある方に聞いた話だと、頭からスポンって魂が抜ける時、とっても気持ちいいって。

植原　そうそう。女房が見ていたんだけれど、俺が抜けていく時も「頭の上から抜けていったよ」っていってた。

みれい　えっ？　先生も死んでいるんですか？

植原　うん。何回もあるんだけど、その時は頭の上から抜けていったって。

俺が抜けるのを見ながら、女房は「このまま置いていかれたら、夫はどうやって帰ってくるんだろう」って思ったらしいんだよ。それで呼び戻した。

――ご自宅でルン・ルを練習されている時、魂が抜けていることが多々あるとお話しされていましたよね。「もう抜けちゃうんじゃないかと思うけど、コードが繋がっている」って。

植原　そうそう、アンタカラーナっていうんです。光のひも、コードです。だから帰ってこられる。

金縛りは神様からの最高の贈り物です

みれい　それにしても生ルン・ルは毎回違います。今日のルン・ルもすごくよかったです。

植原　同じことができないんです。

みれい　今日は、わたし、3回くらい死んだ……というか息が止まったような瞬間がありました。今日、これ、ぜひうかがいたかったことなんですけれど、パッと目が開くと、やっぱり前回同様息していないんです。これ、寝ている時も、最近散々起こっていて。金縛りかなと思うけど、少し違う。「息をし忘れている」としかいいようがない。

植原　わかります。

みれい　一瞬、どう息していいかわからないんです。ピタッて止まっている。目は開いています。これ、何なんですか？

植原　何ですかって、死んでいるんでしょう？

みれい　やっぱりそうなんですね!!　今日は、生ルン・ル中3回あったんです。目がふと開いて、先生が歩いているのが見える。でも、息していないんです。

――わたしも毎晩そういう感じですよ。

みれい　わわっ、そうなんですね！　目が覚めた時、息ができないんですよね。

植原　息の吸い方がわからないんでしょう？

みれい　そうです！

植原　何人もそういうことといっている人がいます。

みれい　息を長く吐くせいでしょうか？

植原　吸うのもゆっくりだから。吸っているのか吸っていないのかもわからないんですよ。

みれい　わたしのイメージでは、吐き切って吐き切って吐き切って、ピタ。あれ？　って。フ――――ッと吐いた先の最果てまで行ってしまったという感じ。加齢でこうなっているのかと思っていました。無呼吸ナントカになったのかなって。

植原　違う違う。金縛りにあったことはあるの？

みれい　はい。何度もあります。

植原　どうした？　その時？

みれい　うーん、仕方がないから待っているというか。どこか動かせるところはないかな……うう……でも少し苦しいぞ……みたいな感じです。

植原　あれほどすばらしい贈り物はないよね？　**金縛りは神様からの最高の贈り物ですよ。今度来たら、「おまかせします。殺してください」っていってみてください。**

みれい　わかりました。でも、だんだん、こう、怖くなってきたりもしますよね？

この後どうなっちゃうんだろう？　って。

植原　そうだよね。だから、そのままおまかせして死んでもいいんです。「殺してください」といってみる。だけど人間の生命力、生命維持装置をバカにしちゃいけません。

みれい　無明ですね！

植原　そう。無明が働くようになるんです。

みれい　でも、この息ができなくなる感じと、金縛りは似ています。

短い金縛りといったらいいか……。今日も目を開けると必ず視界の中に先生がいる。でも息はしていない（笑）。

重い音圧を全身で感じました ルン・ルの響きによる

みれい　あと、今日は特に重石みたいなものが乗っかっているようにも感じました。からだの上に、ドワーンと、圧がかかっているといったらいいか。音圧みたいな感じ。

植原　そうですそうです。

みれい　響きによる、重い音圧をからだ全身で感じていました。

植原　それです。ダーン！　と重みに潰される。

みれい　今日はその重みがすごかった。重みがすごく心地よかったです。

植原　ありがとうございます。

みれい　そうか……わたし、死んでいたんだ。間違いなく息が止まっていましたもの。

植原　ふつうはそういうの、死んでいるっていうんだけれど、本当は死んではいないんですよ。

みれい　無明が働いているから？　そうして息するのを思い出して、ボハーッ!!　っていつもなります。大丈夫なんですかね？

植原　ふふふ。いいんです。

――脳に酸素が行っていないような気がして、あまりよくない気もしますが。

植原　どうして？　脳死するわけじゃない。酸素は極端に少なくしても人間それくらいじゃ死なないんですよ。困るのはミトコンドリアくらいで。

みれい　こう話していたら思い出したんですが、わたし、前回は、「朝からルン・ルがはじまっていた」といいましたが、今回は、昨日の夜からはじまっていたかもしれません。昨日は死んだように眠ったという感じだった。そして寝ている時も、やっぱり息が止まる瞬間ありました。

――今日は言葉や抑揚がまた前とは違っていました。

植原　第一声で決まってしまうんですよ。

みれい　わたしはまったく気づかなかったですが……。

植原　「こういう声を出そう」なんて思って出しているわけじゃないし、出せない。出ちゃうんです。あとはもうそれに任せるだけだから。

みれい　あと、わたしはあの声がはじまる前、先生が、裸足になって会場を歩いている時間が最初にありますよね。実はあの時にすごいことが起こっているんじゃないかと思っています。

植原　はい。そうおっしゃる方多いです。最初の5分と最後の5分。

みれい　やっぱり！　先生がひとりひとりに何かしているわけじゃないんですよね？

植原　していませんよ。そんな暇ありません。そんな面倒くさいこと……だいたい気持ち悪いだろ？

みれい　はい（笑）。あと、前回は生ルン・ル中、気づいたら、パールの光でいっぱいみたいな場所に立っていたんですけれど、今回は先生とピラミッドみたいなところにいました。夢みたいな感じ。でも夢でもない。

ルン・ル中って寝ているわけでもないんです

みれい　うちの家ではルン・ルのCDかけながら夜寝ていたこともあったんですけれど、最近は、つれあいが自分で、（植原先生のいい方を真似して）ルン・ルをいいながら寝ています。「そうしましょ」って呟いて、寝ちゃうんですよ。ぐーって。寝る時に自然にはじまる。

植原　それでいいです。

みれい　自分でいってもいいんですか？　先生のモノマネですが……。声も真似しながら。

植原　最高じゃない。俺も、「純金の卵も、いつでもどこでも、何度でも……」っていいながらやろうと思ってもできないんだよ。

みれい　えっ？

植原　「純金の卵……ぐ――――」（笑）。
みれい　眠ってしまうんですね（笑）。
植原　目が覚めると8時間たってる。びっくりしたよこの俺も。こんなジジイになってから、80過ぎて8時間寝続けるって。
みれい　わたしも眠り自慢になってしまいますけれど、13時間ぶっ通しで眠ったりします。50歳なのにおかしいですよね？
植原　いいなあ。
――わたしも夏にうたた寝して、15～20分くらいかなと思ったら10時間寝ていました。おまけに疲労でクタクタだったのが、目が覚めたらうそのように疲れが消えていました。
みれい　そういう時の睡眠ってすごいですよね。こんなふうに眠れるのもルン・ルの効果なのかな……。先生は、夢は見ますか？
植原　年に1回か2回。夢を見たなというのは覚えているけど、内容は覚えていない。
みれい　ルン・ル中と睡眠中とでは具体的に何か違いがありますか？
植原　ルン・ルの時は寝ているんじゃないんです。脳波ってこうやって話している時はベータ波なんです。リラックスするとアルファ波になる。睡眠に入るとシータ波になる。でも、**ルン・ルだとさらにデルタ波になる**。寝てはいないんだけれど、思考力が働いていないんですよ。思考力が働いていないと、人間って「寝ている」としか表現の仕方がないから、みなさん「ルン・ル中、寝ている」と思っている。でも、寝ていないんです。睡眠をとっているわけではない。

ルン・ルは完璧に意識がなくなって、理性を失っている状態

みれい　植原先生は、デルタ波を出しながらも「あーあー」っていって歩いておられるわけですよね。それに自分たちも同調していってデルタ波になる。先生は、若い頃からデルタ波だったんですか？

植原　違うよ。若い頃はガンマ波だよ（笑）。

みれい　ルン・ル中は最初からデルタ波？　だんだん強くなるんですか？

植原　俺は24時間デルタ波。

みれい　しかもデルタ波は、距離や時間も超える、というのを体感しました。

植原　ちゃんと届きますよ。

みれい　それにしても、あの寝てないのに、寝た感じって何が起こっているんでしょうねぇ。

植原　**完璧に意識がなくなっている。理性がなくなっているんです。**

みれい　ああ、だから昔はおしっこ漏らしちゃう人とかいたんですね。笑いが止まらなくなる人とか。

植原　そうそうそう。

みれい　最近はないんですか?

植原　ありますよ。そういう人は内緒にしてる。そういう人はおむつして来ています。

みれい　今日一緒に来た人ははじめての生ルン・ルだったのですが、下痢したみたいでした。終わってすぐトイレ行ってた。漏らしてはないようでしたけど。

——わたしもいちばん最初にルン・ルをした時、最初の数秒で肛門がゆるんで。これはやばい！　漏らしちゃったらと思ってキュッと閉めましたがあのままにしていたらものすごいゆるみが発生していたと思います。最初の数秒で。1回目って強烈ですよね。

植原　なんでもそうだけど1回目がいちばん強烈じゃないですか？

みれい　わたしは1回目はもうあまりよく覚えていなくて、時間的にあまりに一瞬だった、って感じでした。でもその後、3回目くらいだったかなあ、すごくザワザワするというか、しんどい回もありました。怖い感情、つらい感情みたいなのが浮き出ているというような時もあって。それが何か、ことばにするのも難しいのですが。あまりふだん感じないような感情が出た回もありました。

でも、そうやって**「余分な自分」が解き放たれていっているんですよね？**

植原　そうそう。そうなると、**「今まで抑えていたもの」が抑えられなくなるんですよ。**自分の中にしまっていたものが。

みれい　ルン・ル中じゃなくて、人間の脳波が自然にデルタ波になっていることってあるんですか？

植原　はい。泥のように眠っている時は、デルタ波です。

みれい　でもそれはしょっちゅうはないですね。

植原　ないですね。せいぜいシータ波ですね。

みれい　植原先生のCDを聴いて、デルタ波になっていますか？

植原　なっている人もいますけれどもね。

みれい　ゆるんでいる時というのは、余分なもの、抑えていたものが解き放たれて、同時に、いいものも入りやすいですか？　こういうふうになりたい、みたいなこととか？

植原　そういう時にね。**「すべての細胞が純金に輝く。そうしていれば細胞が全部理想状態になっていく。わたしは最高の理想状態になっていく」**……と。

みれい　ルン・ルはまさにそのことをからだ全体で聴いて吸収し、その状態になっていくんですものね。

植原　「すべての細胞が金色に輝いている」のを表しているのが仏像です。

　釈迦も生身でありながら、「尊師よ、あなたはいつも金色に輝いて、堂々として、まるで雄牛のよう。牛の王のようです」といわれることが何度もありました。日本でいうとスサノオノミコト。日《ひ》の御子《みこ》ですから。釈迦も、日の御子と呼ばれていたんです。

両親は「ありがたいけれど大嫌い」

みれい　いつか先生に岐阜にいらしていただきたいです。そうしたらおかあさまもいらしたりして。

植原　あー、ヤダヤダ！

――先生、最初の本の最後に「一番大嫌いだった両親へ」って書いていましたが、本当はお好きなんですよね。

植原　好きじゃないし、嫌いでもない。別にどうでもいいや。ただ、ありがたいと思っています。こうやっていられるのも……ね、両親がいなかったら出てこないわけだから。

みれい　ありがたくて大嫌い、あるいは好きでも嫌いでもないって、いいバランスですよね。現代人ってどこか、本気で感謝できていないし、中途半端に親のこと好き、みたいなイメージがあります。

でも「ありがたいけれど大嫌い」って、どこか真なりって気がします。そうすると人間として成熟できるような気がします。

植原　そうそう。

みれい　あとおじいさま。豪快でおもしろい。昔はおもしろい方がいましたね。

植原　変なのがいたよね。

みれい　教育も違いましたものね。わたしのイメージですが、旧制中学とか旧制高校とかものすごく自由で、成熟した人物が育つ基盤になっていたんだろうなと思います。

植原　今は本当に文科省のいう通りにしないとダメじゃない？　あれは本当にやめてほしいよね。誰かが「公立とかっていうのをやめて、全部私立にしちゃえ」っていってたけど、あれは本当だと思う。好きなようにやればいいんだもん。そうしたら俺は学校つくっちゃうな。

みれい　わー！　その学校通いたいです。

植原　だろう？　小学校1年生で、とかじゃなくて、来たい順にどんどんどんどん受け入れればいいんだもん。塾がそうだったんです。小学1年生と3年生と一緒にやっていた。大人もいたし。だって俺は教えないんだから（笑）。教えられないんだから。

目は第三まであって、側頭葉が第一の目!?

植原　釈迦は医王でした。医者の王様。仏像なんかの額の中央あたり（第三の目のところ）から線が出ていることがあるんだけど、釈迦もそうだったのよ。

たとえば、からだの悪い人がいたりすると、第三の目で見ると、その線がスーッと抜けていくんです。

みれい　ああ、治しているんですね。

植原　治したんじゃない。治っちゃう。治療は線でやる。

みれい　生ルン・ル中の視線も間違いなく影響ありそうです。今日、生ルン・ル受けていて、そのあとお話をうかがっていて、先生に見られるということもとても大事なことなんだなって感じていたんです。ルン・ル中も誰かのことご覧になっていますよね？

植原　まあ、そうだね。ひとりひとり、見ているところは違うけれどもね。

みれい　そうですか。やはり植原先生の視線を浴びているんですね。先生のどの目が見ているのか……。第三の目？　ちなみに、第三の目と側頭葉の目は別物ですか？

植原　違いますね。（それぞれの目を差しながら……）1、2、3、だよ。

みれい　わわっ。側頭葉の目が1、通常の目が2、第三の目と呼ばれる場所（眉間《みけん》）が3！　この眼球ついてる目が1じゃないんですね!!　ひえええぇ！

植原　こんなバカなこと言ってる人もいないもんね。

みれい　はじめて聞きました。側頭葉が第一の目……こうやって話していると、もっともっと開発されていきそうです。

植原　そうでしょうね。うちの会員さんで塾をやっている人がいるんですが、そこの子たちがそうなったって。寝ているんだけれど、自分でもわからないのに答案書いちゃうって。今まで全然できていなかったのが、「あれ？　なんでこんなにできるの？」って。

みれい　まさに側頭葉でも見ている！

植原　「生徒さんにはできるだけ難しいものを読ませるようにしています」っていって

た。やさしい英文法なんて絶対読んじゃダメだよ。やさしいんだもん。役に立たない。

みれい　ゆとり教育とかって、一見「ゆるむ」と同じことなのかと見間違えそうです。勉強も余裕を持って簡単なことやったほうがいいのかなって。

植原　違う違う。ゆとり教育って、誰のためのゆとりなの？　っていう話なんです。あれは、先生のゆとり、でしょう。勉強なんて、膨大に難しいものをやるほうが効果が高いんです。

漢字だって、簡略化されてしまったじゃない？　中国なんか本当に失敗していると思うけど……日本は旧字体に戻す。旧漢字に戻したら、そこに全部意味が入ってることがわかります。

みれい　絵みたいですものね。

植原　絵なんです。絵として見るのに難しいもののほうが見やすいじゃない？　赤ん坊だってそうだよ。

みれい　そうか。「靈」っていう字は巫女《みこ》が祈り雨乞いをしているさま、と聞いたことがあります。「雨」を受け止める3つの「口」。その下に「巫」（みこ）を書いて「靈」。

「霊」じゃ意味がわからないですものね。簡略化したほうがわかりづらくなるんですね。

植原　記号になってしまうからね。

みれい　勉強が難しいほうがいいなら、仕事もそうですか？

植原　当然です。当然そうです。効率なんかどうでもいいだろう？　俺は効率重視っていうのがいちばん嫌いなんだよ。そのために何を捨てているか考えないと。

みれい　そうそう、あと、オルダス・ハクスリー読んだら、「緊張するほうが簡単だ」って書いてありました。狩猟時代の記憶でアドレナリン依存症になっている、と。だから先生ってゆるむっていうことをやっていらっしゃるのかなと思いました。

植原　生物としてね。緊張するほうが人間は好きなんですよ。

みれい　たのしいんですね、緊張するのって。

植原　だってドキドキするじゃない？　遊園地へ行ってごらん。男の子連れていってサ、こいつを射止めたいと思ったら、アトラクションに乗れば一発で彼氏になるよ（笑）。

みれい　（笑）。たまたまオルダス・ハクスリー読んでいたら、先生も若い頃読んでおられたってあって、そのシンクロもうれしかったです。

植原　高校生くらいで読んでおけばいいですよね。僕の場合はありがたかったよね。こういうのを読ませてくれた先輩がいたから。今の人たちに、このくらいのものは読んでほしい。

渦の真ん中にいればいい。中道をいけばいい

みれい　今の子たち、これから生まれてくる子たちは、側頭葉も第三の目も、とにかくすごそうです。

植原　そうなんです。我々の頃とは違います。

みれい　そういえば、植原先生、「本来の自分」っていういい方があまり好きじゃないっておっしゃっていましたが、それはどうしてですか？

植原　だって、**本来なんてないじゃない？　自分しかない。**

みれい　そうか……。自分になればいい。自分でいればいいんですね。

植原　渦の真ん中に入ればいいんじゃない？　こまと同じだよ。軸はスッとしていて、周りは超高速で回っている。

――いつも渦の真ん中にいるにはどうしたらいいですか？

植原　自分で見つけてください、としかいいようがないです。だからまずは呼吸をやってみてください。いのちのエネルギーの渦、わかるようになるから。いつも渦は渦巻いていますから。ルン・ルに遅れて入ってきた人から「この中渦巻いている！」っていわれますよ。空間が歪んでいるんだって。

――その渦というのも生命エネルギーだとおっしゃっていて、そうなると、生きている人、みんな渦巻いている？

植原　渦巻いています。

みれい　わたし、先生の本読んでいて、「断捨離とかしなくても、ちょうどいいものの量ってある」っていうのを読んだ時も感じたし、今回も食べ物もなんでも中道がいいんだっていうのを聞いて、本当に中道しかないなって思いはじめています。最近、ようやくわかってきました、少しずつ。

中道、渦の真ん中にいて、ただ「はい」といって目の前のことに取り組む、続ける。そういうところが大好きです。先生は一貫してそのことをおっしゃっている。

植原　ありがとうございます。ネタがそれしかないから。

みれい　先生はお釈迦様の弟子として、ずっと忠実に中道ということを守っておられると思うんですが、その体験って、人間だったら誰でもわかるものなんですよね？

渦の中、真ん中に入れば、自分で自分のことが誰だってわかるようになりますよね。そうなると、自動的に必要なことができる。仕事だって料理だって絵だって何だって、唯一無二の自分が、誰とも違う自分が、その自分のことを発揮できるようになる。

逆にこれがわかれば、なんでも応用がききますね。

植原　なんでもできます。

みれい　一流のスポーツ選手とか、その状態をつくるのが上手なんでしょうね。

植原　すごい作家さんとかね。

みれい　植原先生も疲れない。

植原　疲れるようなことはしていないじゃない？

みれい　先生が1940年生まれだなんて本当に信じられないです。最後に先生、読んでいるみなさんにメッセージをいただけませんか。

植原　今私が行っているルン・ルとは、「思った通りの自分になる」ためのものです。

みなさんは、願いを叶えたいと思っていても、なかなか叶わない。

その原因は何か。それを解決する方法を見つけたのがお釈迦様です。

いちばんの元の鍵は、無明がわかったこと。

そこからはじまります。

みれい　先生、ありがとうございました！

植原　ありがとうございました。

column

わたしのルン・ル体験　その2

服の展示販売会で何が起こったのか。夢中になっていたら、むちゃくちゃ間に合って、みんなが自分そのものになっていた

今回のお話に出たのは「えみおわす」というブランドの販売会でのことでした。手紡ぎ手織り、民族服の意匠を大事にした直線裁ちの服など、天然素材の気持ちいいアイテムが揃う素朴でかっこいい、岡山発のブランドです。特定のお店はなく全国を回って服を売るスタイルで、岐阜・美濃にあるリアルショップで展示販売会をずっと行っていたのですが、2020年からは、オンラインでも行うようになりました。

実は、この服の販売の担当をするのは、わたしははじめてのことで、少人数のスタッ

フでどう運営するかまったく手探りでした。

今回のスタッフは、Nさん、Kさん、わたし。

事務方で、パートに来てくれるAさん含めると4名です。そこで事務方のAさん、Kさんの部屋に1枚、全国に服を梱包発送していくNさんとわたしの部屋に1枚、ルン・ルのCDをかけっぱなしにしました（2枚組のCDを1枚ずつ分けたわけですね）。

もちろん、監督者のわたしは入念にオンライン展のシミュレーションをしました。

実は前の期のオンライン展は、準備不足、スタッフ不足でグダグダの後手後手に回ってしまった反省もあり、今度こそは、という気持ちもありました。


まず、各自、不得意なこと、いやなことは一切やらないようにしようと決めました。「がんばる」のをやめたのです。その代わり、自分の得意なことをちゃんと知って、それを最大限に活かそうということにしました。

そうしてしっかり準備をしたのちに、対談でもお話しした通り、全員で「返品がまったくない」という様子をイメージしたのです。うふふ、にったーとしながら「これはうれしいですね」「最高ですね」などといい合いました。この時全員が、ありありと返品のないバックヤードを思い描けたこと、ものすごくうれしい気持ちになったことを覚えています。

準備の段階から、ルン・ルはがんがんかけてました（小さい音でですが）。とにかく最初からみんな機嫌がよくてたのしくていい気分でした。

結果は、推して知るべし、ですよね。

物質的な結果ももちろんうれしかったのですが（売り上げがすごかったとか、ミスがなかったとか）、印象に残っているのは、対談でもお話ししている通りむしろあの時の気分や意識状態なのです。

子どもの頃、夢中になって絵を描いたり、砂場であそんだりしましたよね？　ああいう時って、ただただ夢中でたのしくて、時におかしくて、どんどんやりたくて、疲れなくて、時間を忘れています。「時間を忘れている」時間です。

大人でもそんな夢中になる、我を忘れるような時間が持てている人は幸福かもしれません。わたしは楽器を弾いたり歌ったり、たのしくおしゃべりしていたり、あとは料理していたりするとき、時間がなくなります。あ、何より夢中で文章書いている時も時間が消えてなくなります（この今もそうです）。

今回のルン・ル実験をした時、仕事中に、この感覚がずっと続いたんです。静かにご機嫌だし、ワクワクしていて、安心で、リラックスしている。何をやっても自動的、という感覚でした。

「やるべき」でやっていないのはいうまでもなく、「何をこうする、ああする」って頭が作動していなくて、からだが勝手に動いちゃう！　みたいな感覚。

で、そういう状態の人ばかりで仕事をするとどうなるか、ということです。

とにかく気分がいいです。疲れ知らずです。

苦手なことをがんばってやる人がいなくなります。だからスムーズですしミスがなくなる。**何もかもが間に合う、という感じ。みんなが間に合う人になっている。間と間が合うと時間の感覚もなくなる。**だからあっという間に感じるんでしょうか。

実は、もう少し話すと、わたし以外の二人は、特別に仲がよかったわけではありませんでした。でも、今回体験したのは、お互いの個性に対して、自然に尊敬が行き交う時間でした。それぞれの個性が引き立っていて、いいね、ありがたいねってそれぞれがそれぞれに思える。ベタベタ仲良しってわけでもない。過不足なく全員が力を出し切っている感じでした。結果、失敗もなく人間関係も良好、という具合でした。

超一流のスポーツプレイヤーでも、特別な経験があるわけでもないわたしたちでしたが、ルン・ルの声の中でみんなでつくり上げたものは、喜びとしかいいようがないものだった。とにかくすばらしい思い出になりました。

その結果、お客様にもものすごく喜んでいただけて、それが売り上げにもなったという感覚です。わたしたちは10日間ただただ服をオンラインで売り続けたのですけれど、あの10日間のことは今でもずっと語種《かたりぐさ》です。

何がいいたいかというと、個々に持っている才能を発揮し切っている時って、自分も他人も快感なんだなあということです。また力を出し切るということじたい、とても気分がいい。ましてや間が合うって、ここちよさが半端ないんです。

起こることを起こるままに起こるごとに受け入れ、それをたのしみ、自分を出し切る。願望が叶ったといえばそうだし、売り上げが上がったといえばそれも当たっているし、速く仕事ができたともいえるし、間違いがなかったといえばそうだけれど、ルン・ルでわたしが導かれたのは、そんなちっぽけな世界じゃないといいたいんです。

夢中になることだけがある世界、思いっきり間に合う世界は、ただただ自分を発揮する世界です。その世界っておそらく「時間を超越する」ということなんじゃないかなと感じています。そしてそんな時って、今の自分すら超えている時、なのかもしれないです。これは誰が何といっても、うれしい時間なんだと思います。

植原紘治さんに110の質問

今何をしていましたか？　※全国を移動中の植原先生へ電話で質問

松山の三越デパートの5階にあるジュンク堂書店で本を眺めていました

何かいい本はありましたか？

『いのちの波』（三木成夫＝著　平凡社スタンダードブックス）

今日のこれからの予定は？

松山ルン・ルです

今日は何を食べましたか？

機内食です。

好きな食べ物は？

嫌いな食べ物がない。だから好きな食べ物もない。

好きな過ごし方は？

ないです。

好きな場所は？

ないです。

好きな色は？

ないです。でも、いちばん関心があるのはマゼンタ。宇宙の深いところの色なんです。マゼンタは宇宙の色なんです。

好きな女性のタイプは？

嫌いな人がいない。だからない。

初恋はいつですか？

初恋相手って70年近く前だから覚えていません。

ルン・ルとは何ですか？

何なんだろうね。こないだもある人からいわれたんだけれど「ルン・ルって何なんだい？　やるとどうなるんだい？」っていわれたんだけれど、わからないんですよ。人それぞれ（体験が）違うから。

「本が速く読めるようになるのかい？」っていわれるけれど、「速く読めるようになりませんよ」っていっています。ただ、時間がかからなくなるだけです。

どうしたら先生のルン・ルの声が出せますか？

わからない。やり続ければ出せる。

ルン・ルの声、誰にでも出せますか？

誰にでもできるんじゃない？　俺にできるんだから。
やろうと思ったものはできるようになる。

どうしたらできますか？

できるようになるまでやり続ける。

好きな声の人は？

嫌いな声の人がいない。だから好きな声の人もいない。

自分の声をひとことでいうと？

聞いたことがないからわからない。
ＣＤも聴いたことがありません。

自分の声は進化していると感じますか？

進化しているかどうかはわからないけど、変わっていることは確かです。

声はどう変わってきていますか？

笛が吹けるようになった。
声と一緒に笛の音がするようになりました。

いちばんいい声が出た時の気持ちを教えてください

わたしが出していいたかどうかはわからないんだけれども、わたし自身が声を聞きながら「わー、すごくいい声だなあ」と思って聞き惚れていた。参加した人たちが滂沱の涙。わたしじゃなかった。釈迦の声だった。

響きとは何か？

内臓の状態です。

響きが届いたという感触はありますか？

届いたかどうかはわかりませんが、参加してくださった方々が、何かいろいろいってくださいます。届くかどうかはわからない。わたしは自分にやっているだけだから。お金払っていただいて、みなさんにつき合っていただいているんです。

ことばとは何か？

内臓から出てくる……内臓が伝えたいことです。

その内臓は全部ですか？

はい。六臓六腑。漢方をやっていただくと六臓だということがわかります。

音とは何か？

音という字を見てください。「日」の上に「立つ」。日が立つ前。

『ひむがしの　野にかぎろひの　立つ見えて　かへり見すれば　月かたぶきぬ』（柿本人

麻呂――『万葉集』）（東の野に陽炎《かげろう》が立つのが見えて振り返ってみると、月は西に傾いてしまった）。太陽が昇る前にゆらゆらゆらっと揺れるんですよ。それが、たぶん古代の人々にとって音として聞こえていたんだと思います。

脳波の質問です。ガンマ波とは？

不動明王のように怒っている時に出るもの。すごく健康にいいです。怒って泣いてってやっていると「バカみたい」ってなるんですよ。

これが「最高のいのちの洗濯」です。

こんなことというとまた女房に怒られちゃうけど、心理学の先生方は、本当にもうちょっとちゃんとしてほしい。患者さんを激怒させればいいんじゃない？　真っ青になるくらいに。怒ったあと泣きますから。そうして自分のやっていることを感じて「バカみたい！　うふっ」ってなったら、一件落着なんです。何もしなくていい。真っ赤を通り越して真っ青になるくらい怒るといいんです。

青不動ってあるじゃない。京都にもありますよ。天皇家の菩提寺である泉涌寺《せんにゅうじ》と青蓮《しょうれん》院《いん》です。

ベータ波とは？

今こうやってお話ししている時の脳波がベータ波です。

アルファ波とは？

最高の天国です。

認知症の方々は、24時間アルファ波を出していらっしゃいます。

シータ波とは？

アルファ波でゆったりしているところに眠気が差してきた状態です。

デルタ波とは？

殺されてもわからないくらいぐっすり眠っている状態。

今も年中、全国各地を毎日のように回られていますが移動中は何をしていますか？

いろいろしています。
いろいろっていったってあまりないけど、本を読んでいます。

泊まったホテルで必ずすることは？　ひとつ教えてください

洗濯。毎晩洗濯しています。「先生毎日同じ服着ているんですか」っていわれますけど、毎日洗って着ているんだからそうに決まっています。

必ず持ち歩いているものを3つ教えてください

キャリーバッグとバッグ。バッグは3つになることもあります。

今読んでいる本を教えてください

三木成夫さんの本。

最近読んだ本でいちばんおもしろかった本は？

いろいろあるんですよ……やっぱり『論語』かなあ。いろいろな人が書いているものを読んでいます。「論語読みの論語知らず」って本当にそう（135P、180Pへ）。孔子の正体をちゃんといった人は、ひとりしかいません。安田登さんしかいない。安田さんは論語だけを読んでいるわけじゃない。それ以外のものも読んでいる。だからわたしもわかったんだけれども。

論語の魅力は？

孔子の正体がわかること。みんな孔子の本職を知らないんだもの。（177Pへ）

映画は観ますか？

観ている暇がありません。

テレビは観ますか？

観ます。

理由は？

何かおもしろいことはないかなあと思って。ドラマが大好きだから。韓国の時代劇「イ・サン」と「ヘチ」はおもしろいです。本当におもしろいじゃない？韓国の人は芸能、上手だねえ。

新聞は？

読まない。

理由は？

おもしろいことが書いていないから。

好きな歌は？

困るんだよなあ。嫌いな歌がない。
あえていうなら、なかにし礼作曲の「人形の家」。

好きな歌手は？

70年ほど前、雪村いづみ。

人生でいちばんうれしかったことは何ですか？

なんだろうねえ。今が一番うれしいから。考えたことないなあ。

人生でいちばん悲しかったことは？

悲しいことなんか何もない。

人生でいちばん悔しかったことは？

ないです……いや、１回だけある。小学校を卒業する時に、校長先生と担任の先生とお話ししたんです。「紘治、お前は本当にバカだ」っていうんだ。わかっていたからどうってことはなかったけれど。「心配するな、人生は長い」って。「ああ、そうですか」って。

それで中学へ行って色気づいて、女の子に告白したわけ、「好きだ」って。「紘ちゃんごめんね。わたし、バカ嫌いなの」って。アレはきいたわ（笑）。

それから勉強しました。そうしたら学校の勉強ってなんてやさしいんだと思いました。

いちばん怒ったことは？

記憶にないです。

最大の後悔は？

ないです。

最大の賛辞のことばは？

ない。わからないです。

いやだなーと思うことは？

ない。

いいなーと思うことは？

ない。

人はなぜ生まれるんでしょうか？

ねえ……考えたこともない。

なぜ学ぶのか？

考えたことがない。

おすすめの学び方は？

ない。わたしはわたしのやりたいようにやってます。

なぜ働くのか？

俺もさ、働いているという意識がないからね。ふふ。困ったもんだよ。

仕事とは何か？

自分が今やっていること。仕事って字の通りで「事に仕える」。
今やっていることに任えて、全身全霊かけてやり続ける。
俺にはそれしかできない。

なぜ人は悩むのか？

うーん。聞きたいよ、俺も。悩まないから。

悩みからどう脱するのか？

わからない。悩んだことがないから。

いや、悩みはあるのかな。悩みというのは、人生でジャンプするための予備運動。そう思っているよ、俺は。ああじゃないこうじゃない、ああしたらいいこうしたらいいって考える。それを悩みというんだろうか。悩んでいるって思ったこともない。

苦しみとは何か？

（悩みの質問の答えと）同じかなあ。

先生の喜びは？

なんていえばいいんだろうね？　困ったもんだ。だって、これがいいとかあれが悪いとかないんだもの。入ったお店でラーメン頼んで美味しかったら、「ああ、うれしい」。電車にもう間に合わないかもしれないと思って乗れたら「ああ、うれしい」。

そういうことしかないんだもん。

なぜ人は病になるのか？

健康状態のバランスが崩れるから。コロナにかかるのも、コロナウイルスのせいばかりじゃありません。コロナのせいなら、誰だってかかる。どこにでもあるんだから。誰だって吸い込んで体の中に入っているけれど、かかっている人は私の知り合いの中ではいない（くらいの数字です）。それはなぜなのか。「感染症なんていうものはない」という感染症のお医者様もいます。

どうしたら病から脱することができるのか？

本当の意味で健康になる。釈迦は周りの人にこういわれていたんです。「尊師よ、あなたは血色もよく、姿勢正しく、全身は金色に輝き、声も爽やかで、とてもすばらしく見えます」。こう見える人は病にはかかりません。

自死とは？

無明《むめょう》とは生命を維持する根源的な働きなんです。わたしたちを絶対に死なせない存在です。釈迦もそうやって示してくれました。

（釈迦の弟子のひとりである）アーナンダは、「人間というのは、この世に存在したければどれだけでも存在できる」とおっしゃいましたが、釈迦は、「わたしはもう、この身を捨てる。これからひと月後には涅槃《ねはん》に入る。この世に存在していようと思わない」とおっしゃった。

それこそ生きていようと思えば、人間はいつまででも生きていられるんです。

そういう働きをするものが無明です。無明は、わたしたちにはふつうでは、感じ取ることができない、深い深いところにある根源的な生命維持システムです。それがあるから、生きている。わたしたちの根源的な欲望の源でもある。

それの働きを自分でコントロールできれば、自由自在に、生きることができます。

釈迦の「十二縁起」の最初に無明がおいてあります。それこそわたしたちの苦しみ、迷いの源なんです。その働きを自分で縮めることができる。縮めると、生きていようが死んでいようが別にどうでもいい。欲というのももっぱら自分でコントロールできる。

自死は、無明を止めるということ。無明の働きを自分で「もう、いい」と。無明を自分でコントロールできれば、生きるとか死ぬとか悩むこともなく生きていけます。

考えて考えて考え尽くすコツは？

考え尽くした時に、ご褒美が来るんですよ。思いもよらないような。
自分が想像していたのとは違うご褒美が来ます。

「怠るな、続けろ」を続けるには？

怠らないことです。できるようになることが最終目的ではありません。
できないのに続ける、できないけど続ける（ことが大切）。

「はい」といい続けるにはどうしたらいいですか？

自分にとっていやなこと嫌いなこと、「人間、それこそがわたしにとっての最大の宝物だ」と気づくことができればそうなると思います。

生まれた時の自分にひとこと

お袋がいってくれました。「紘治、お前を産んだ時、ああ、子どもを産むってこんなに気持ちがいいんだぁって思ったから、退院したら、すぐに夫に『抱いて』っていった」いいお袋だなって思った。

大嫌いだけれど、すばらしいことをわたしに教えてくれました。

子どもの頃の自分にひとこと

ないです。すごい子だった。

やりたいことやりたいようにやっていたから。

青年時代の自分にひとこと

同じです。

今の自分にひとこと

ありがとうございます。
「毎日そういいましょう」ってみなさんにいいながら、わたしもやっています。

ルン・ル会員さんにひとこと

ありがとうございます。……としかいいようがない。

父親へひとこと

ありがたかったのは、脳梗塞で倒れて、「紘治、俺を殺してくれ」っていって逝ったことです。「俺にはできないよ」っていったら、「嘘つけ！　お前にはできるじゃないか」「このジジイ、わかっていやがるな？」と思いました。

「大丈夫だよ、自然に死ねるから」といいましたが。「延命治療はしないでくれ」っていいました。できるだけ早く逝かせてくれって。

母親へひとこと

大嫌いだけど、ありがとう。

おくさまへひとこと

女房？　照れ臭くていえないよ。

お子さんへひとこと

まだいい残すこともない。何も。

今の世の中にひとこと

世の中のことを考える暇がないんです。

とにかく自分、まず自分をきちんとしましょうということしか考えていない。

中国の古典に「修身斉家治国平天下《しゅうしんせいかちこくへいてんか》」（『礼記』大学）（意味＝天下を治めるには、まず自分の行いを正しくし、次に家庭をととのえ、次に国家を治め、そして天下を平和にすべきである）ということばがありますが、まず自分。自分のことがどうにもならないのに、ほかのことに目を向けられない。

AIと人間の未来について。AIはいずれ人間を超えるのではないか、といわれてますが、どう思われますか？

AIはしょせん人間がつくるもの。AIの情報処理能力はものすごく速い、人間を超えているんじゃないかと思われていますよね。それに似た話が、昔話にあります。

昔々あるところに木こりがいて、木こりが山で働いていると、そこに天邪鬼《あまのじゃく》が現れました。天邪鬼は人間が考えたことや、こころの中で思ったことがすぐにわかるんですよ。人間が「いやな野郎が来やがった」と思えば、声に出さなくても、天邪鬼はわかってしまう。

ある日木こりがまさかりで木を伐採していたら、突然、まさかりの柄が折れて、まさかりの刃が天邪鬼に突き刺さってしまいました。その時天邪鬼は「人間とは怖い。考えもしないことができるんだ。俺は考えたことしかできない」といって死んだのです。

AIも同じだと思う。だからAIは大したことないよ、と俺は思っているの。

情報処理能力が速いだけの話で、考えないことはできないんだもの。

人間は考えてもいないことを、思わずやってしまう。

たとえばね、ある病院で寝たきりのじいさまがベッドで横になっていたら、なぜか知らないけどベッドの上に、蛇がニョロ～ンといたの。それを見たとたんにじいさまは「ぎゃ～」といって、ベッドから飛び出して、走っていっちゃった。それ以来、歩けるようになってしまった。

女房の友だちががんの末期で余命いくばくもなくて入院していたら友だちが来て、こういったそうです。「あんた、何やってんの、ここで？　いいの？　あんたがここで死んだら、葬式でみんながあんたのうちに行くんだよ。あのキッタナイうちへ」

それを聞いた友人は「死んでいる場合じゃない！　退院します」といって家に戻り、片づけているうちに、がんが治ってしまった。そんなもんだよ、人間て。

AIはプログラムされたことしかできない、そして、間違うことができない。

かわいそうなやつだよ。

人間は思いもよらないことができるし、間違うこともできるしさ、間違いを正すこともできる。まぁそのうちＡＩも、間違うことを正していくようになるんだと思うけど、プログラムされていないことはできないもの。

ムーンショット目標についてはいかがでしょう？

＊内閣府による「2050年までに、人間が身体、脳、空間、時間の制約から解放された社会を実現する」目標。具体的には、2050年までに、複数の人が遠隔操作する多数のアバターとロボットを組み合わせることによって、大規模で複雑なタスクを実行するための技術を開発し、その運用等に必要な基盤を構築する。また、2030年までに1つのタスクに対して、1人で10体以上のアバターを、アバター1体の場合と同様の速度、精度で操作できる技術を開発し、その運用等に必要な基盤を構築する。

何ですかそれ？　なんでそんなことする必要があるの？

国って変な、すごいこと考えるね。あばたならいいけど、アバターなんて。

俺は、いらねぇよ。そんなののさばらせてどうすんの。

そんなことしたら、永久に消えねぇじゃん。邪魔くさいでしょう。

国というのは、何を考えているんだろうなぁ。

なぜ感染症は起こったと思われますか？

わからないね。考えたこともない。

感染症の類いのことはいつでも起こっている。

なぜこんなにもたくさんの人々がしっかりマスクをしているのか？

日本人がとってもすばらしい、お上のいうことをちゃんと聞く国民だから。

健康を保つ秘訣は？

とにかく、ちゃんと息をするだけです。

ちゃんと息をしているという状態とは？

肺の中の残気量が少なくなることです。

（息を）吐いているつもりで吐いていないんです。

恋愛とは何ですか？

自分にとっていちばん好きなにおいをかいだ時。かぐこと。
恋愛相手は、いちばん好きなにおいの人。

性愛とは何ですか？

そのにおいを感じると……。今、今までどなたもおっしゃっていなかった呼吸をするようにいいはじめているんです。みなさん、鼻の穴から呼吸していると思っているじゃないですか。もうひとつ鼻に穴があるんです。「鋤鼻器《じょびき》」というものがあるんです。それが開くとそのにおいが何だかわかります。

本当の嗅覚が出てきます。脳の働きが変わります。

セックスレスどうしたらいい？

鋤鼻器で呼吸すればいいです。

どうしたら最愛の人と出会えるのか？

自分が好きなにおいの人に巡り合うためうろうろすることです。

パートナーを探しているおひとりさまにひとこと

「わたしにとって最高のパートナーが見つかったらどんなにうれしいだろう」

その時、どんな顔をして、どんな態度をするか、想像してみます。

うれしくてうれしくて、涙が出たらすぐに見つかります。そうするとちゃんとそういう人が現れる。

ただ、自分が願ってた人とは違うかもしれない。「でもな」って思っちゃう。

そこで理性が働くから困るんです。そのまま波に乗っていけばいいです。

夫婦でいちばん大事なことは？

なんだろうね？　俺が聞きたい。本当よ。
恋に狂って結婚したわけじゃない。
「俺にとって、これ以上の人はいないわ」と思って結婚しました。
だから、何をいわれようと、どうされようとうれしいです。

子育てでいちばん大事なことは？

邪魔しないこと。お子さんがああしたいこうしたいという時に、「何いってるんだ、お前なんかそんなの無理に決まってるじゃないか」なんていうことをいってしまったらおしまい。「ああ、そうなんだ、やってみな」ということ。

無明とは？

息を吐くとわかります。

無とは何か？

そういうことは考えたことがないです。

渦の中心をひとことでいうと？

ルン・ルで「いのちの渦が目覚めます」っていいながら、それが何なんだろうということは考えたことがありません。

もしも、釈迦に会ったら何といいますか？

ひとことしかないじゃない。ありがとうございます、です。

占い師から「あなたは56歳で死ぬ」といわれていたそうですが56歳で死なななかった理由は？

運命という二文字を信じなかったから。
釈迦はいいました。

「自分の今やっていることに全身全霊をこめて行っている時は、この世の根源的な存在であれ、悪であれ、神であれ、邪魔することはできない」

そういわれていたから、そうしただけです。

先生にとって全身全霊でやるとは？

毎日毎日、ルン・ルをいのちがけでやるということです。

何歳まで生きたいですか？　あるいは何歳まで生きそうだなと思っていますか？

希望はないです。
このあいだ「あら、折り返し地点に来たな」と思いました。ふふふ。

どう死にたいですか？

それは考えたこともない。
こっちで考えたってそうなるかどうかわからない。

死んだ後のイメージは？

死んだことがないからわからない。考えたことがない。

植原先生は、生まれ変わるとしたら何になりそうですか？

それも考えたことがない。

自分のやりたいことをやり尽くしているんだから……。

自分を知るにはどうしたらいい？

自分なんてわかるわけがない。

どうしたら自分の天命がわかりますか？

考えたことがない。天命だのなんだのいう前に、今やっていることにいのちをかけてやる。わたしは自分の仕事にやりがいがあるとかもありません。自然にやっていることに行き着いてしまっている。

天命とか鬱陶しいな。わからないです。

どうしたら日本一になれるのか?

ただやるだけでしょう。やったらなっちゃった。

どうしたら願望が叶うのか?

叶った時に自分がどんなにうれしいか。
その顔をし、うれしい動作をし、うれしいことばをいう。どうするだろう? と。
その動作をした自分に「ありがとう」という。
いっている自分にうれしくて涙が出てくる。
そうなればすぐにそうなりますよ。
わたしのいうすぐというのは10年以上ですが。

「豊か」とは？

そういうことを考えなくなること。

ゆるんだ先にあるものとは何ですか？

わからない。その時、その場、人によって違うと思う。
なんともいえないなぁ。

影響を受けた人物3人を教えてください

釈迦、孔子、3人目は誰々っていえないくらいたくさんいらっしゃいます。

みれいの印象、またはひとこと

「なんでこんなすてきな笑顔？」

今のわたしにおすすめの本を教えてください

司馬遷の『史記』。

わたしもこの春から詩を朗読する声の発信をはじめました。何かアドバイスがあったらいただけますか？

人のいうことなんて聞かないで、自分のやりたいことを好き放題やって、ということだと思う。何かやる時に、人に聞いてやるなんてもったいないじゃん！

今いちばんしたいことは何ですか？

わからない。

今目の前に見えるものは何？

漢方の処方の仕方の本。本屋さんにいるから目の前に本が広がっています。

column

植原先生への質問を終えて

いのちをかけて愛するけれど、好きも嫌いもない世界にいる。

どうしてだかわからないけれど、対談中、植原先生に一問一答形式で100個くらい質問を投げてみたくなりました。

対談が終わる前に先生にお願いしたら、追って電話してほしいとのこと。

しかも、前置きとかなしでいきなり質問をはじめてほしいといわれたのです。

「俺、練習するとか前もって準備するとか大嫌いなのよ。学校も予習とかしたことがないし復習もしたことがない。宿題もしたことがない。その時その時だけなんです」って。

今となっては、もっといい質問あっただろうと反省ばかりだし、インターネットのこと、からだのこと、呼吸のこと……、もっと植原先生から引き出せることがあった気がすると、録音を聴きながら、ひとり唸《うな》りました。

それでも、わたしの質問がいくらつたなくとも、先生の答えは、やっぱりすごく響きます。

特に、わたしが好きなのは、先生の響きや音の質問の答えです。

おもしろいし、うつくしいです！　なんと精妙な世界観なんでしょうか。願望を叶える時にお話しする時の先生の声や様子にもいつも胸がいっぱいになります。

それから脳波の話のところ。ガンマ波のところの「青不動」みたいに怒る！　それがいのちの洗濯だというのも溜飲《りゅういん》が下がります。

実は、この対談の直前の昨夏、忘れもしない美濃が日本一暑かった日、わたしは、ものすごく激怒するという体験をしたんです。

我が家で飼っている猫が脱走して……詳細は割愛しますが……猫に近づけど近づけど、捕まえられない自分と夫と友人に激怒し、猫が死んでしまったらと思ったら本気で悲しくなり、部屋にあったドライハーブを投げまくり（おかげで部屋はいい香りに包まれました）、それを見た夫もまた激怒。地団駄踏んで、しゃがみ込んで、「うおおお！！！

悲しい！！！」と怒号に似た号泣を数分間続け、わたしがもう一度「わたしも悲し、い、ん、だよ！！！！　あたりちゃん（猫の名前）が大好きな、ん、だ、よ！！！！！　うおおおおお」と泣くと、反論していた夫はその場からサッと消え、次に現れたと思ったら、全身激しめの防護服に着替えていて（真夏です）、「俺、探してくる」といって炎天下の中、ジャングルのような裏の空き地で本気の探索へ出かける、という一件があったのです。

ものすごく激しい怒りのあとに、ものすごい悲しみが襲い、そうしたら、「ププ」と笑えてきた（防護服を着た夫と自分に！）……のちに、無事、夫婦で力を合わせて猫を捕獲。……と植原先生の答えと同じ体験をしていました、わたし。

今思うと、2020年春あたりからの、いろいろな鬱屈が溜まっていたかなと思います。自分の深いところに隠れていた感情が、どっと出てものすごく洗われた体験だったなと思い出します。思いっきり怒るのがいのちの洗濯だってわかっていたら、もっと感情を出す場面を安心してつくることに繋がりそうです。

先生の好きな歌には特徴があるなと感じます。YouTube で全部聴いてみたのですが、いのちをかけて愛するような歌が多いという印象です。でも、そんなことをいいながら一方で、質問の答えは、好きも嫌いもない、悩みもない、ただ続けるだけと一貫しておっしゃっている。ここがすごく、植原先生だな、と感じます。

何より、やはりご家族のお話は何度聞いても胸がいっぱいになります。

おとうさまが「殺してくれ」っていった時「わかってやがる」っていうエピソード、わたしはすごく好きです。おとうさんは、植原紘治さんという人の才能をわかっていたって話ですよね。ドラマみたいです。そうして、「女房は……」って先生がいう時、本当にいつもたまらない気持ちになります。あまりにいろいろなお気持ちが含まれていると感じるからです。

そうして、最後、わたしへのひとこと、印象を聞いた時、「なんでこんなすてきな笑顔？」っていってくださったのに、思わず「本当ですか⁉」って返してしまったんです。そうしたら「なんで本当ですかなんてことをいうんですか」っていわれました。

わたしはすぐに、シマッタ！　と思い、訂正しまして、「ありがとうございます、うれしいです」っていいました。本当に、これが、植原先生、なんです。

わたしはずっと「寝塾」（ルン・ルがはじまった塾）の生徒になりたかったなあって思っていましたが、つくづく、今回対談をさせていただき、植原先生って生徒の能力を最大限以上に伸ばしてくださる先生の中の先生だなと感じます。

「思いっきりやりなよ」「人に聞くなんてもったいない」「俺はわからないよ。自分で調べてごらん」って。なんか、もう、ここにすべてがありますよね。

この本を読み終わる方はもうお気づきだと思いますが、ルン・ルでいう「ゆるむ」って、「温泉でゆるむ」とかいうのとはまったく違う世界のことです。

泥のように眠っている状態でしか出ないデルタ波を浴びて、余分な自分が解き放たれて、どんどん解き放たれて、とてつもなく深いところにある自分が目覚めて出てくる。その時は、本当に時間のない、渦の中心にいるのだと思います。どんな人間にでも起こることなんだとも思います。

今、とても多くの方がこのことの意味がわかり、ゆるむという体験がはじまる気がします。そうして色とりどりの個性がどんどん開花することで世界が調和したら、本気でここは楽園になると思います。

そんなことが、ひとりひとりからはじまると思うと、うれしい気持ちでいっぱいになってきます。そんな気持ちで胸を満たしてにっこりにこにこ、にったぁ、うふふと「幸せ目かがみ」を続けようと思っています。

あとがきにかえて――服部みれい
植原紘治先生、本当のうれしい気持ちは永遠に続きますね

植原先生、このたびは、こんなふうにご一緒させていただき、本当に本当にありがとうございました。

『史記』、すぐに入手しました。三木成夫先生のご著書もすぐに取り寄せて読みました。そうそう、関英男先生、河野十全先生の本も読みました。植原先生のお話やルン・ルとあわせて感じると、「ああ、そうなんだ」と腑に落ちることがたくさんです。白隠禅師も読みはじめています。軟酥《なんそ》の法、自分でも実践をはじめました。

完全に植原ワールドにどっぷりです。いや、植原先生って、本当に、「学ぶ

の、たのしい」って導いてくださる天才でもあるとつくづく感じています。

時がたつほどに、ルン・ルを聞けば聞くほどに、この本で植原先生がおっしゃっていることを味わえば味わうほど、生かされている＆活かされている感覚を感じられるようになっています。この世界って、然《しか》るべき在り方をしたら完璧になっている！　人間ってすごい可能性があるんだ！　って、あらためてあたらしい扉が開きました。この存在への確かな感覚、うれしい気持ちの状態は、永遠の状態なんだとも感じます。

たくさんの方々に、ルン・ルという唯一無二のすばらしい響きが届きますように。

たくさんの方々が「幸せ目かがみ」をやってくださり、「うふふっ」とうれしい気持ちになってくださいますように……と思います。

繰り返しになりますが、こうやって書いているだけで、うれしさが溢れて溢れてならないです（涙が出そうなほどなんです）。こんな、すばらしい、うれしくてたのしい感覚に導いてくださり、どんな感謝のことばも追いつきそうにありません。
このお手紙を書きながら最高の「うふふっ」の顔でペンをおきます。
続けますね、怠らずに。
植原先生、ありがとうございます!

どっしりとした、あたらしくも確かな感覚を得た春に

服部みれいより

インドで念願のバスの運転手になった植原氏。
「お釈迦様は渡し船の渡し守でした。
私はバスで皆さんを連れていくつもり（笑）」
撮影／ひすいこたろう

苦楽

中道＝双忘

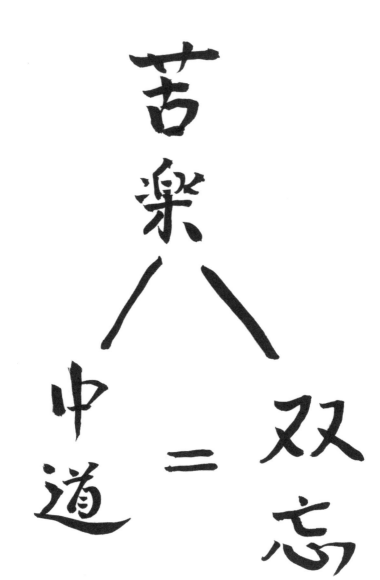

じぶんに
ありがとう
といって
なみだがでたら
かなわぬことは
なにもない

植原紘治（うえはら　こうじ）

1940年新潟に生まれる。

1986年隗（かい）塾開設。

1988年通信工学とスピードラーニングの権威、関英男工学博士とともに加速学園を設立。

未利用の能力を100パーセント活かす速読法を開発。

その速読法を船井幸雄氏は「デルタ脳波速読法」と名付けた。

それはルン・ルと呼ばれ、会員制度として全国で展開中。

主な著書に『ゆるんだ人から目覚めていく。』（徳間書店）などがある。

ホームページ
http://runrunokai.jp/

服部みれい（はっとり　みれい）
文筆家、マーマーマガジン編集長、詩人。2008年に『マーマーマガジン』創刊。2011年より出版社エムエム・ブックスをスタート。2015年春に東京・神宮前から、岐阜・美濃に会社ごと移住。美濃から、あたらしい時代を生き抜くための、古くてあたらしい知恵を発信し続けている。著書に、『あたらしい自分になる本』シリーズ（筑摩書房）、『あたらしい東京日記』シリーズ（大和書房）、『わたしらしく働く！』（マガジンハウス）、『みの日記』（扶桑社）、『わたしと霊性』（平凡社）、『好きに食べたい』（毎日新聞）ほか多数。近著に、『自分をたいせつにする本』（ちくまプリマー新書）。2017年秋より「声のメルマガ 服部みれいのすきにいわせてッ」を毎週配信。また、2022年春からは、詩と即興音楽「みれい音のちいさな宇宙」の配信をスタート。

mmbooks
https://murmurmagazine.com

服部みれいインスタグラム
@millethattori

わたしにうれしいことが起こる。
ゆるんだ人から、叶っていく

第1刷　2022年6月30日
第5刷　2024年12月5日

著　者　植原紘治
　　　　服部みれい
発行者　小宮英行
発行所　株式会社徳間書店
〒141-8202　東京都品川区上大崎3-1-1
目黒セントラルスクエア
電　話　編集(03)5403-4344／販売(049)293-5521
振　替　00140-0-44392

印刷・製本　大日本印刷株式会社

ISBN978-4-19-865474-0

ルン・ル音源

アドレス

&

QRコード

パソコン、スマートフォン等で

お聞きいただくこともできます。

ダウンロードには十分なインターネット環境が必要です。

なお、インターネット環境は

お客様ご自身でご用意ください。

接続、ダウンロードに関するお問い合わせは

お受けしておりません。

※この音源は深い瞑想状態を意図していますので、

車の運転等危険を伴う作業時には、

絶対に聴かないようにしてください。